支持恩格斯写《反杜林论》
油画
丁一林

  世界的统一性并不在于它的存在,尽管世界的存在是它的统一性的前提,因为世界必须先存在,然后才能是统一的。在我们的视野的范围之外,存在甚至完全是一个悬而未决的问题。世界的真正的统一性在于它的物质性,而这种物质性不是由魔术师的三两句话所证明的,而是由哲学和自然科学的长期的和持续的发展所证明的。

恩格斯:《反杜林论》(1876年9月—1878年6月),见《马克思恩格斯文集》第9卷第47页。

005

人间知己
油画
李晓林

这种猿类,大概首先由于它们在攀援时手干着和脚不同的活这样一种生活方式的影响,在平地上行走时也开始摆脱用手来帮忙的习惯,越来越以直立姿势行走。由此就迈出了从猿过渡到人的具有决定意义的一步。

恩格斯:《自然辩证法》(1873—1882年),见《马克思恩格斯文集》第9卷第550—551页。

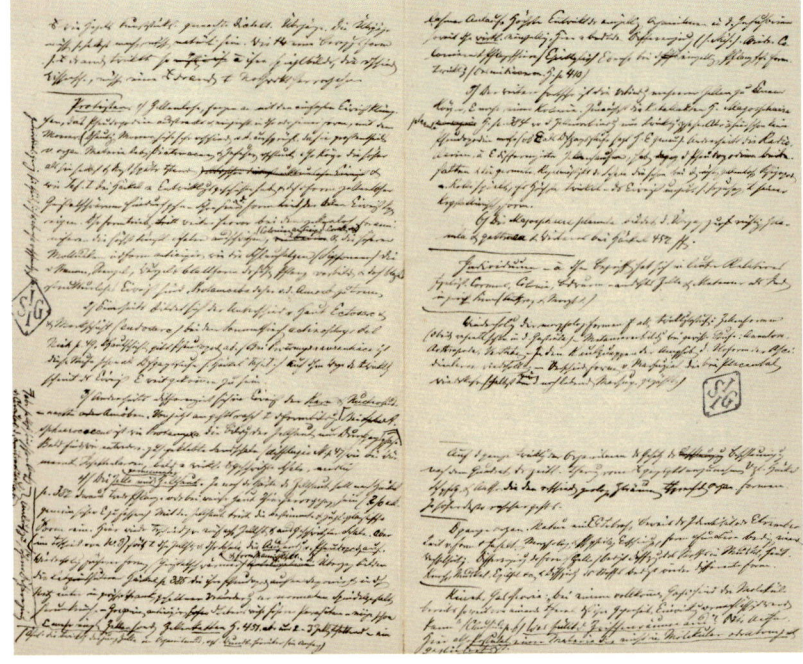

恩格斯《自然辩证法》手稿中的一页

劳动是整个人类生活的第一个基本条件,而且达到这样的程度,以致我们在某种意义上不得不说:劳动创造了人本身。

恩格斯:《自然辩证法》(1873—1882年),见《马克思恩格斯文集》第9卷第550页。

人间知己
中国画
王为政

可以根据意识、宗教或随便别的什么来区别人和动物。一当人开始生产自己的生活资料，即迈出由他们的肉体组织所决定的这一步的时候，人本身就开始把自己和动物区别开来。

马克思和恩格斯：《德意志意识形态》(1845年秋—1846年5月)，见《马克思恩格斯文集》第1卷第519页。

011

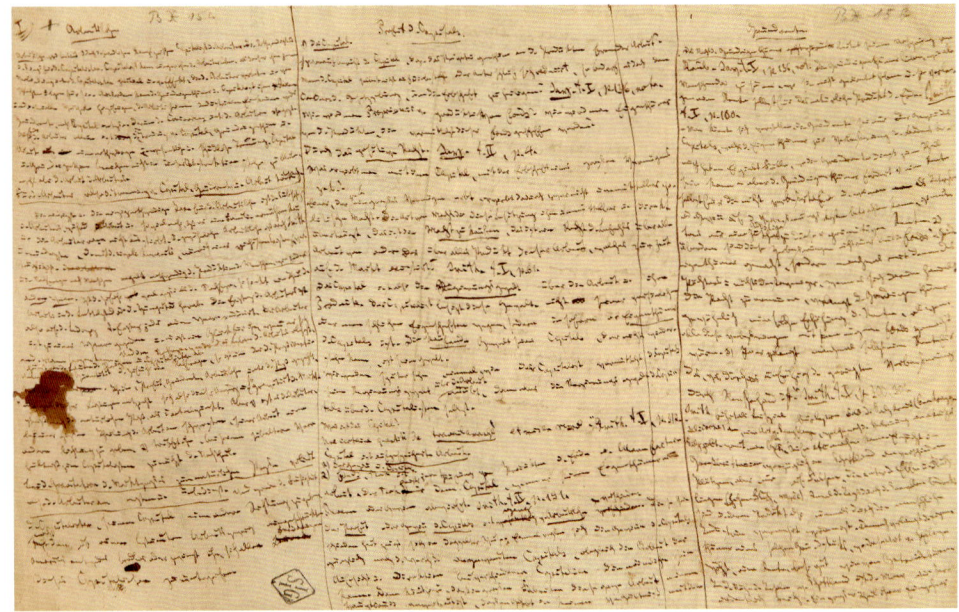

马克思《1844年经济学哲学手稿》序言中的一页

  动物和自己的生命活动是直接同一的。动物不把自己同自己的生命活动区别开来。它就是自己的生命活动。人则使自己的生命活动本身变成自己意志的和自己意识的对象。他具有有意识的生命活动。这不是人与之直接融为一体的那种规定性。有意识的生命活动把人同动物的生命活动直接区别开来。

马克思:《1844年经济学哲学手稿》（1844年4—8月），见《马克思恩格斯文集》第1卷第162页。

马克思故居博物馆墙面上展示的马克思雕像

说人是肉体的、有自然力的、有生命的、现实的、感性的、对象性的存在物,这就等于说,人有现实的、感性的对象作为自己本质的即自己生命表现的对象;或者说,人只有凭借现实的、感性的对象才能表现自己的生命。

马克思:《1844年经济学哲学手稿》(1844年4—8月),见《马克思恩格斯文集》第1卷第209—210页。

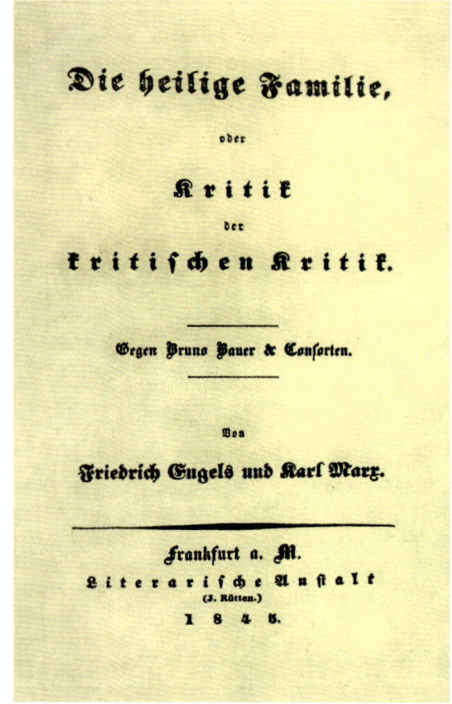

马克思和恩格斯合著的《神圣家族》1845 年第一版

既然人天生就是社会的,那他就只能在社会中发展自己的真正的天性;不应当根据单个个人的力量,而应当根据社会的力量来衡量人的天性的力量。

马克思和恩格斯:《神圣家族》(1844 年 9—11 月),见《马克思恩格斯文集》第 1 卷第 335 页。

马克思与燕妮同海涅在一起
版画
张桂林

  共和党人的良心不同于保皇党人的良心，有产者的良心不同于无产者的良心，有思想的人的良心不同于没有思想的人的良心。一个除了资格以外没有别的本事的陪审员，他的良心也是受资格限制的。

  特权者的"良心"也就是特权化了的良心。

马克思：《对哥特沙克及其同志们的审判》（1848年12月21和22日），
见《马克思恩格斯全集》1961年版第6卷第152页。

二十四岁的《莱茵报》主笔
中国画
邵飞

因为人的本质是人的真正的社会联系,所以人在积极实现自己本质的过程中创造、生产人的社会联系、社会本质,而社会本质不是一种同单个人相对立的抽象的一般的力量,而是每一个单个人的本质,是他自己的活动,他自己的生活,他自己的享受,他自己的财富。

马克思:《詹姆斯·穆勒〈政治经济学原理〉一书摘要》(1844年上半年),见《马克思恩格斯全集》1979年版第42卷第24页。

青年马克思
版画
李宏仁

历史什么事情也没有做,它"不拥有任何惊人的丰富性",它"没有进行任何战斗"!其实,正是人,现实的、活生生的人在创造这一切,拥有这一切并且进行战斗。并不是"历史"把人当做手段来达到自己——仿佛历史是一个独具魅力的人——的目的。历史不过是追求着自己目的的人的活动而已。

马克思和恩格斯:《神圣家族》(1844年9—11月),见《马克思恩格斯文集》第1卷第295页。

19世纪70年代的马克思和恩格斯
素描
茹科夫

一个很明显的而以前完全被人们忽略的事实,即人们首先必须吃、喝、住、穿,就是说首先必须劳动,然后才能争取统治,从事政治、宗教、和哲学等等……

恩格斯:《卡尔·马克思》(1877年6月中),见《马克思恩格斯文集》第3卷第459页。

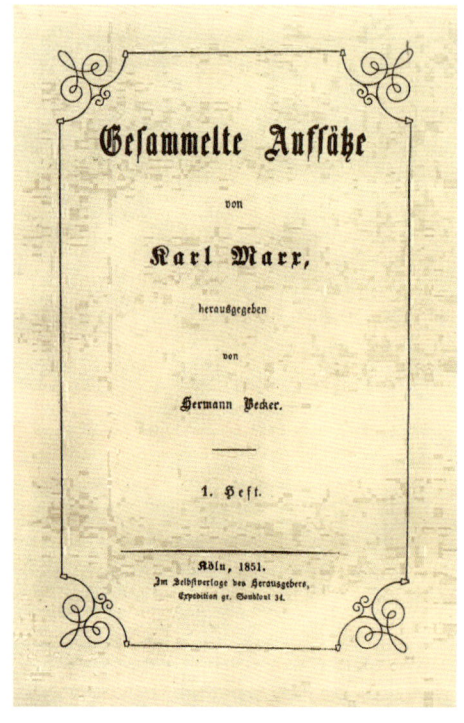

1851 年出版的《马克思文集》

　　人们为了能够"创造历史",必须能够生活。但是为了生活,首先就需要吃喝住穿以及其他一些东西。因此第一个历史活动就是生产满足这些需要的资料,即生产物质生活本身,而且,这是人们从几千年前直到今天单是为了维持生活就必须每日每时从事的历史活动,是一切历史的基本条件。

马克思和恩格斯:《德意志意识形态》(1845 年秋—1846 年 5 月),见《马克思恩格斯文集》第 1 卷第 531 页。

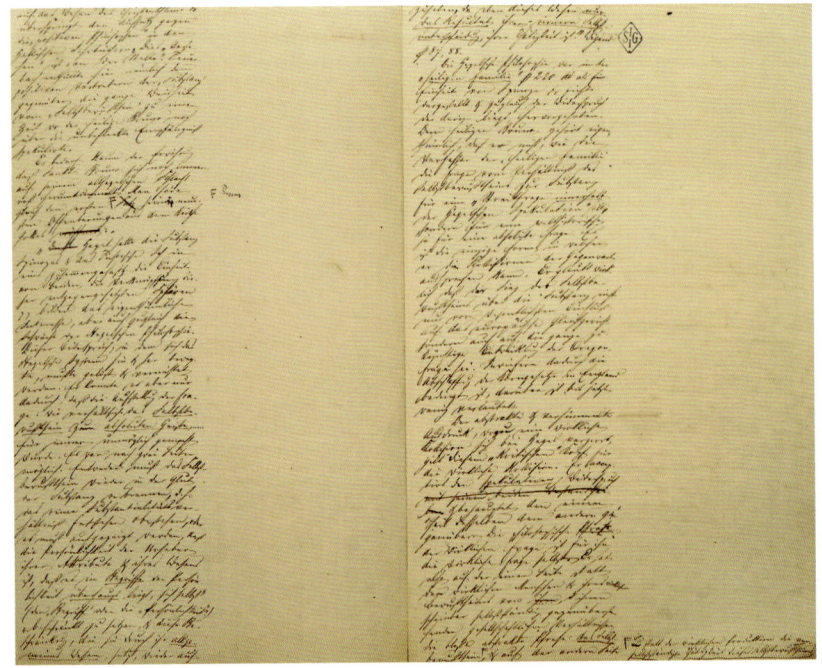

马克思和恩格斯合著的《德意志意识形态》手稿中的一页

历史不外是各个世代的依次交替。每一代都利用以前各代遗留下来的材料、资金和生产力;由于这个缘故,每一代一方面在完全改变了的环境下继续从事所继承的活动,另一方面又通过完全改变了的活动来变更旧的环境。

马克思和恩格斯:《德意志意识形态》(1845年秋—1846年5月),见《马克思恩格斯文集》第1卷第540页。

029

整理遗稿
素描
潘鸿海

要获取明确的理论认识,最好的道路就是从本身的错误中学习,"吃一堑,长一智"。

恩格斯:《致弗洛伦斯·凯利-威士涅威茨基》(1886 年 12 月 28 日),
见《马克思恩格斯文集》第 10 卷第 560 页。

031

走访工人区
油画
艾中信

  阶级分化日益尖锐,反抗精神日益深入工人的心中,愤怒在加剧,个别的游击式的小冲突正在汇集成大规模的战斗和示威,不久的将来,一个小小的推动力就足以引起山崩地裂。那时全国都将会响彻战斗的号召:"对宫廷宣战,给茅屋和平!"那时富人们再想采取防备措施就太晚了。

恩格斯:《英国工人阶级状况》(1844年),见《马克思恩格斯文集》第1卷第498页。

033

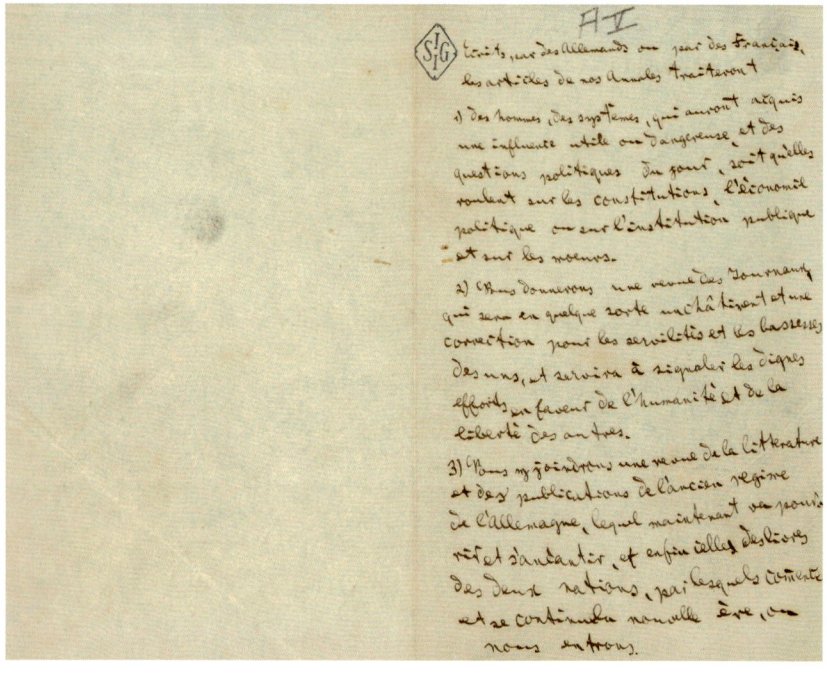

马克思《〈德法年鉴〉办刊方案》手稿

人类要洗清自己的罪过，就只有说出这些罪过的真相。

马克思：《摘自〈德法年鉴〉的书信》（1843年9月），见《马克思恩格斯全集》1956年版第1卷第418页。

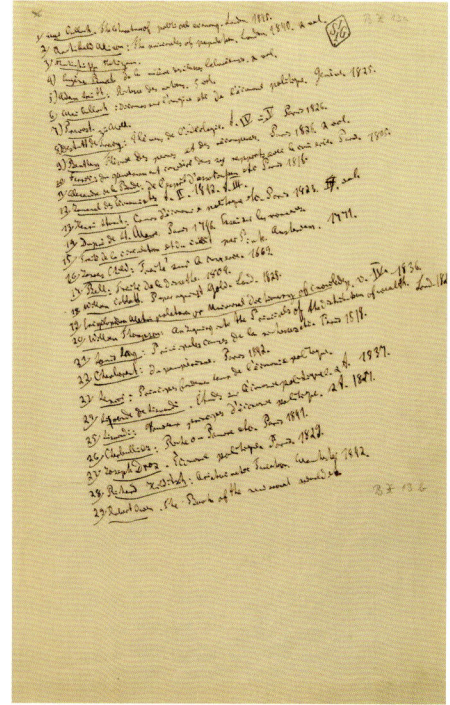

马克思《1844 年经济学哲学手稿》中的一页

人的异化，一般地说，人对自身的任何关系，只有通过人对他人的关系才得到实现和表现。

马克思：《1844 年经济学哲学手稿》（1844 年 4—8 月），见《马克思恩格斯文集》第 1 卷第 164 页。

037

写作《反杜林论》
版画
许钦松

在生产自发地发展起来的一切社会中（今天的社会也属于这样的社会），不是生产者支配生产资料，而是生产资料支配生产者。在这样的社会中，每一种新的生产杠杆都必然地转变为生产资料奴役生产者的新手段。

恩格斯：《反杜林论》（1876年9月—1878年6月），见《马克思恩格斯文集》第9卷第308页。

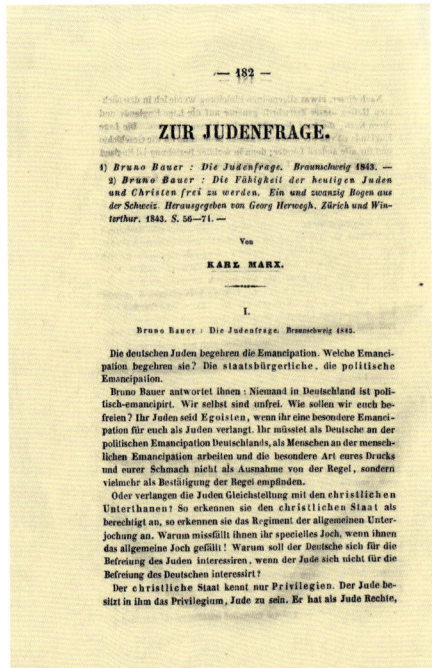

发表在《德法年鉴》上的马克思《论犹太人问题》

任何一种所谓的人权都没有超出利己的人,没有超出作为市民社会成员的人,即没有超出封闭于自身、封闭于自己的私人利益和自己的私人任意行为、脱离共同体的个体。

马克思:《论犹太人问题》(1843 年秋),见《马克思恩格斯文集》第 1 卷第 42 页。

041

在国际工人协会成立大会
素描
顾盼

没有无义务的权利,也没有无权利的义务。

马克思:《国际工人协会共同章程》(1871年9月底10月初—大约11月6日),见《马克思恩格斯文集》第3卷第227页。

1875年5月5日马克思写给白拉克的信

权利决不能超出社会的经济结构以及由经济结构制约的社会的文化发展。

马克思：《哥达纲领批判》（1875年4月底—5月7日），见《马克思恩格斯文集》第3卷第435页。

刻苦学习
版画
顾盼

人权并不是使人摆脱宗教,而是使人有信仰宗教的自由;人权并不是使人摆脱财产,而是使人有占有财产的自由;人权并不是使人摆脱牟利的龌龊行为,反而是赋予人以经营的自由。

马克思和恩格斯:《神圣家族》(1844年9—11月),见《马克思恩格斯文集》第1卷第312页。

047

年轻人的聚会
版画
王劼音

共产主义是对私有财产即人的自我异化的积极的扬弃,因而是通过人并且为了人而对人的本质的真正占有;因此,它是人向自身、也就是向社会的即合乎人性的人的复归,这种复归是完全的复归,是自觉实现并在以往发展的全部财富的范围内实现的复归。

马克思:《1844年经济学哲学手稿》(1844年4—8月),见《马克思恩格斯文集》第1卷第185页。

忠贞的爱情
版画
赵晓沫

　　这种形而上学将永远屈服于现在为思辨本身的活动所完善化并和人道主义相吻合的唯物主义。费尔巴哈在理论领域体现了和人道主义相吻合的唯物主义，而法国和英国的社会主义和共产主义则在实践领域体现了这种和人道主义相吻合的唯物主义。

马克思和恩格斯：《神圣家族》（1844年9—11月），见《马克思恩格斯文集》第1卷第327页。

051

共赴巴黎
版画
王维新

只有在共同体中，个人才能获得全面发展其才能的手段，也就是说，只有在共同体中才可能有个人自由。

马克思和恩格斯：《德意志意识形态》（1845年秋—1846年5月），见《马克思恩格斯文集》第1卷第571页。

053

《共产党宣言》中文第一版

代替那存在着阶级和阶级对立的资产阶级旧社会的,将是这样一个联合体,在那里,每个人的自由发展是一切人的自由发展的条件。

马克思和恩格斯:《共产党宣言》(1847年12月—1848年1月底),见《马克思恩格斯文集》第2卷第53页。

恩格斯（1888 年摄于伦敦）

我们的目的是要建立社会主义制度，这种制度将给所有的人提供健康而有益的工作，给所有的人提供充裕的物质生活和闲暇时间，给所有的人提供真正的充分的自由。

恩格斯：《对英国北方社会主义联盟纲领的修正》（1887 年 6 月 14 日和 23 日之间），见《马克思恩格斯全集》1965 年版第 21 卷第 570 页。

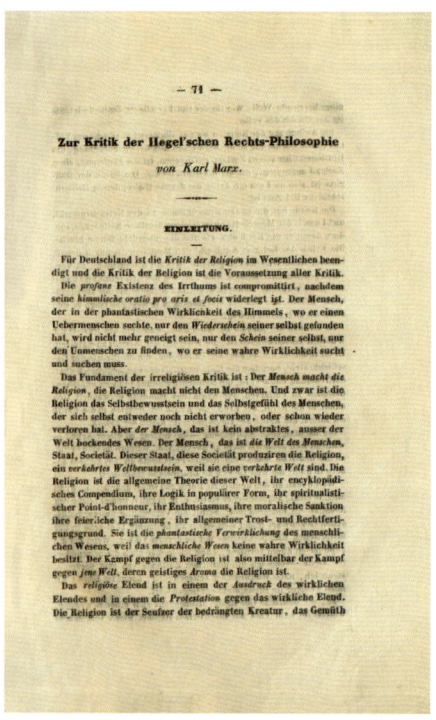

发表在《德法年鉴》上的马克思《〈黑格尔法哲学批判〉导言》

哲学把无产阶级当做自己的物质武器，同样，无产阶级也把哲学当做自己的精神武器；思想的闪电一旦彻底击中这块素朴的人民园地，德国人就会解放成为人。

马克思：《〈黑格尔法哲学批判〉导言》（1843年10月中—12月中），见《马克思恩格斯文集》第1卷第17—18页。

059

业余学习
版画
汪晓曙

当人们还不能使自己的吃喝住穿在质和量方面得到充分保证的时候,人们就根本不能获得解放。"解放"是一种历史活动,不是思想活动,"解放"是由历史的关系,是由工业状况、商业状况、农业状况、交往状况促成的。

马克思和恩格斯:《德意志意识形态》(1845年秋—1846年5月),见《马克思恩格斯文集》第1卷第527页。

恩格斯在柏林"自由人"中间
油画
崔开玺

各个人借以进行生产的社会关系,即社会生产关系,是随着物质生产资料、生产力的变化和发展而变化和改变的。生产关系总合起来就构成所谓社会关系,构成所谓社会,并且是构成一个处于一定历史发展阶段上的社会,具有独特的特征的社会。

马克思:《雇佣劳动与资本》(1847年12月下半月),见《马克思恩格斯文集》第1卷第724页。

063

恩格斯
素描
茹科夫

一切文明民族都是从土地公有制开始的。在已经越过某一原始阶段的一切民族那里，这种公有制在农业的发展进程中变成生产的桎梏。它被废除，被否定，经过了或短或长的中间阶段之后转变为私有制。

恩格斯：《反杜林论》（1876年9月—1878年6月），见《马克思恩格斯文集》第9卷第145页。

065

马克思在大英博物馆查阅资料
油画
佚名

  人是最名副其实的政治动物,不仅是一种合群的动物,而且是只有在社会中才能独立的动物。孤立的一个人在社会之外进行生产——这是罕见的事,在已经内在地具有社会力量的文明人偶然落到荒野时,可能会发生这种事情——就像许多个人不在一起生活和彼此交谈而竟有语言发展一样,是不可思议的。

马克思:《1857—1858 年经济学手稿(摘选)导言》(1857 年底—
1858 年 5 月),见《马克思恩格斯文集》第 8 卷第 6 页。

马克思的小女儿爱琳娜

文明每前进一步,不平等也同时前进一步。随着文明而产生的社会为自己所建立的一切机构,都转变为它们原来的目的的反面。

恩格斯:《反杜林论》(1877年),见《马克思恩格斯文集》第9卷第147页。

071

写作《共产党宣言》
中国画
苗再新

　　资产阶级，由于一切生产工具的迅速改进，由于交通的极其便利，把一切民族甚至最野蛮的民族都卷到文明中来了。……它按照自己的面貌为自己创造出一个世界。

马克思和恩格斯：《共产党宣言》(1847年12月—1848年1月底)，见《马克思恩格斯文集》第2卷第35—36页。

在共产主义者同盟第二次代表大会上
中国画
王明明

　　资产阶级使农村屈服于城市的统治。它创立了巨大的城市，使城市人口比农村人口大大增加起来，因而使很大一部分居民脱离了农村生活的愚昧状态。正像它使农村从属于城市一样，它使未开化和半开化的国家从属于文明的国家，使农民的民族从属于资产阶级的民族，使东方从属于西方。

马克思和恩格斯：《共产党宣言》(1847年12月—1848年1月底)，见《马克思恩格斯文集》第2卷第36页。

向最忠诚的朋友报捷——《资本论》第一卷完成
中国画
姚有多

在政治经济学领域内，自由的科学研究遇到的敌人，不只是它在一切其他领域内遇到的敌人。政治经济学所研究的材料的特殊性，把人们心中最激烈、最卑鄙、最恶劣的感情，把代表私人利益的复仇女神召唤到战场上来反对自由的科学研究。

马克思：《资本论》第一卷第一版序言，选自《马克思恩格斯全集》第二版第44卷第10页。

简朴的葬仪
丙烯画
何孔德

人们首先必须吃、喝、住、穿,然后才能从事政治、科学、艺术、宗教等等;所以,直接的物质的生活资料的生产,从而一个民族或一个时代的一定的经济发展阶段,便构成基础,人们的国家设施、法的观点、艺术以至宗教观念,就是从这个基础上发展起来的,因而,也必须由这个基础来解释,而不是像过去那样做得相反。

恩格斯:《在马克思墓前的讲话》(1883年3月18日前后),见《马克思恩格斯文集》第3卷第601页。

海涅在马克思家做客
中国画
沈蓉尔

　　思想、观念、意识的生产最初是直接与人们的物质活动,与人们的物质交往,与现实生活的语言交织在一起的。人们的想象、思维、精神交往在这里还是人们物质行动的直接产物。表现在某一民族的政治、法律、道德、宗教、形而上学等的语言中的精神生产也是这样。人们是自己的观念、思想等等的生产者,但这里所说的人们是现实的、从事活动的人们,他们受自己的生产力和与之相适应的交往的一定发展——直到交往的最遥远的形态——所制约。

马克思和恩格斯:《德意志意识形态》(1845年秋—1846年5月),见《马克思恩格斯文集》第1卷第524—525页。

墓前演说
版画
曹剑峰

在马克思看来,科学是一种在历史上起推动作用的、革命的力量。任何一门理论科学中的每一个新发现——它的实际应用也许还根本无法预见——都使马克思感到衷心喜悦,而当他看到那种对工业、对一般历史发展立即产生革命性影响的发现的时候,他的喜悦就非同寻常了。

恩格斯:《在马克思墓前的讲话》(1883年3月18日前后),见《马克思恩格斯文集》第3卷第602页。

083

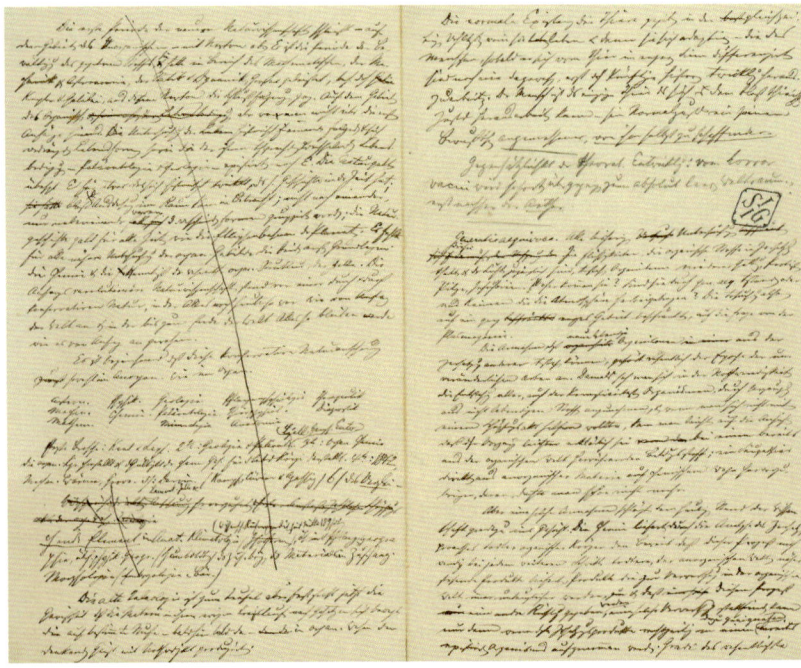

恩格斯《自然辩证法》手稿中的一页

> 我们还是确信：物质在其一切变化中仍永远是物质，它的任何一个属性任何时候都不会丧失，因此，物质虽然必将以铁的必然性在地球上再次毁灭物质的最高的精华——思维着的精神，但在另外的地方和另一个时候又一定会以同样的铁的必然性把它重新产生出来。

恩格斯：《〈自然辩证法〉导言》，见《马克思恩格斯文集》第 9 卷第 442 页。

撰写《自然辩证法》
版画
汪晓曙

我们每走一步都要记住：我们决不像征服者统治异族人那样支配自然界，决不像站在自然界之外的人似的去支配自然界——相反，我们连同我们的肉、血和头脑都是属于自然界和存在于自然界之中的；我们对自然界的整个支配作用，就在于我们比其他一切生物强，能够认识和正确运用自然规律。

事实上，我们一天天地学会更正确地理解自然规律，学会认识我们对自然界习常过程的干预所造成的较近或较远的后果。特别自本世纪自然科学大踏步前进以来，我们越来越有可能学会认识并从而控制那些至少是由我们的最常见的生产行为所造成的较远的自然后果。

恩格斯：《自然辩证法》（1873—1882 年），见《马克思恩格斯文集》第 9 卷第 560 页。

伟大的会见
版画
汪晓曙

既然人天生就是社会的,那他就只能在社会中发展自己的真正的天性;不应当根据单个个人的力量,而应当根据社会的力量来衡量人的天性的力量。

马克思和恩格斯:《神圣家族》(1844年9—11月),见《马克思恩格斯文集》第1卷第335页。

马克思(摄于 1875 年)

在自然界里,正是那些在历史上支配着似乎是偶然事变的辩证运动规律,也在无数错综复杂的变化中发生作用;这些规律也同样地贯串于人类思维的发展史中,它们逐渐被思维着的人所意识到。

恩格斯:《反杜林论》(1876 年 9 月—1878 年 6 月),见《马克思恩格斯文集》第 9 卷第 13 页。

恩格斯同肖莱马在一起
版画
李以泰

辩证法的规律是从自然界的历史和人类社会的历史中抽象出来的。辩证法的规律无非是历史发展的这两个方面和思维本身的最一般的规律。它们实质上可归结为下面三个规律：

量转化为质和质转化为量的规律；

对立的相互渗透的规律；

否定的否定的规律。

恩格斯：《自然辩证法》（1873—1882 年），见《马克思恩格斯文集》第 9 卷第 463 页。

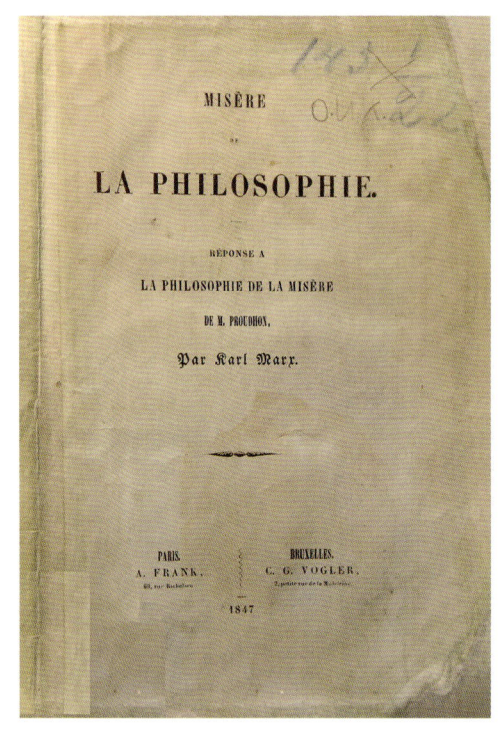

《哲学的贫困》1847年法文第一版

两个相互矛盾方面的共存、斗争以及融合成一个新范畴,就是辩证运动。

马克思:《哲学的贫困》(1847年上半年),见《马克思恩格斯文集》第1卷第605页。

马克思在大英博物馆
油画
高莽

从资本主义生产方式产生的资本主义占有方式,从而资本主义的私有制,是对个人的、以自己劳动为基础的私有制的第一个否定。但资本主义生产由于自然过程的必然性,造成了对自身的否定。这是否定的否定。这种否定不是重新建立私有制,而是在资本主义时代的成就的基础上,也就是说,在协作和对土地及靠劳动本身生产的生产资料的共同占有的基础上,重新建立个人所有制。

马克思:《资本论》第1卷(1867年),见《马克思恩格斯文集》第5卷第874页。

恩格斯（摄于 1891 年）

　　一切东西都有好的一面和坏的一面，重要的是，好的一面应当吸收，而坏的一面则应抛弃。但是由于每件事物，每个人，每种理论都有这种好的一面和坏的一面，因此从这种意义上说，每件事物，每个人，每种理论差不多既是好的，又是坏的，就像任何别的东西一样，因而从这个观点看来，着急去肯定或否定这一事物或那一事物是蠢举。

恩格斯：《流亡者文献》（1874 年 5 月中—1875 年 4 月），见《马克思恩格斯文集》第 3 卷第 366 页。

恩格斯

政治、法、哲学、宗教、文学、艺术等等的发展是以经济发展为基础的。但是，它们又都互相作用并对经济基础发生作用。这并不是说，只有经济状况才是原因，才是积极的，其余一切都不过是消极的结果，而是说，这是在归根到底不断为自己开辟道路的经济必然性的基础上的相互作用。

恩格斯：《致瓦尔特·博尔吉乌斯》（1894年1月25日），见《马克思恩格斯文集》第10卷第668页。

恩格斯（1891 年摄于伦敦）

人们自己创造自己的历史，但是到现在为止，他们并不是按照共同的意志，根据一个共同的计划，甚至不是在一个有明确界限的既定社会内来创造自己的历史。他们的意向是相互交错的，正因为如此，在所有这样的社会里，都是那种以偶然性为其补充和表现形式的必然性占统治地位。在这里通过各种偶然性来为自己开辟道路的必然性，归根到底仍然是经济的必然性。

恩格斯：《致瓦尔特·博尔吉乌斯》（1894 年 1 月 25 日），见《马克思恩格斯文集》第 10 卷第 669 页。

马克思和恩格斯
雕塑
吴为山

　　究竟什么是思维和意识，它们是从哪里来的，那么就会发现，它们都是人脑的产物，而人本身是自然界的产物，是在自己所处的环境中并且和这个环境一起发展起来的；这里不言而喻，归根到底也是自然界产物的人脑的产物，并不同自然界的其他联系相矛盾，而是相适应的。

恩格斯：《反杜林论》（1876年9月—1878年6月），见《马克思恩格斯文集》第9卷第38—39页。

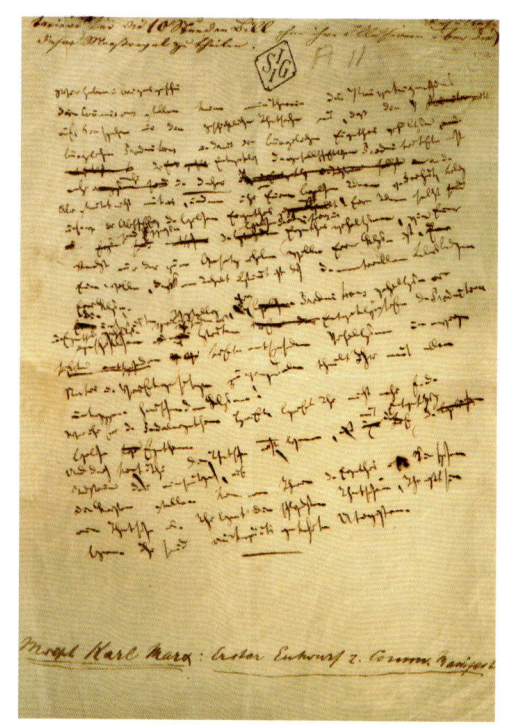

现存的唯一一页《共产党宣言》手稿，头两行为马克思夫人燕妮的手笔

　　共产党人的理论原理，决不是以这个或那个世界改革家所发明或发现的思想、原则为根据的。

　　这些原理不过是现存的阶级斗争、我们眼前的历史运动的真实关系的一般表述。

马克思和恩格斯：《共产党宣言》（1847年12月—1848年1月），见《马克思恩格斯文集》第2卷第44—45页。

郊游
中国画
黄鸿仪

理论的方案需要通过实际经验的大量积累才臻于完善。

马克思：《资本论》第 1 卷（1867 年），见《马克思恩格斯文集》第 5 卷第 437 页。

马克思童年时代的特里尔城
中国画
于文江

批判的武器当然不能代替武器的批判,物质力量只能用物质力量来摧毁;但是理论一经掌握群众,也会变成物质力量。

马克思:《〈黑格尔法哲学批判〉导言》(1843年10月中—12月中),见《马克思恩格斯文集》第1卷第11页。

为人类工作
雕塑
潘鹤

一个民族要想站在科学的最高峰，就一刻也不能没有理论思维。

恩格斯：《自然辩证法》（1873—1882年），见《马克思恩格斯文集》第9卷第437页。

113

忠贞的爱情
水粉画
张文新

全部社会生活在本质上是实践的。凡是把理论引向神秘主义的神秘东西，都能在人的实践中以及对这种实践的理解中得到合理的解决。

马克思：《关于费尔巴哈的提纲》（1845年春），见《马克思恩格斯文集》第1卷第501页。

《共产党宣言》1848 年德文第一版

不管最近 25 年来的情况发生了多大的变化,这个《宣言》中所阐述的一般原理整个说来直到现在还是完全正确的。某些地方本来可以作一些修改。这些原理的实际运用,正如《宣言》中所说的,随时随地都要以当时的历史条件为转移……

马克思和恩格斯:《〈共产党宣言〉1872 年德文版序言》(1872 年 6 月 24 日),见《马克思恩格斯文集》第 2 卷第 5 页。

创建革命组织
油画
高莽

哲学家们只是用不同的方式解释世界，问题在于改变世界。

马克思：《关于费尔巴哈的提纲》（1845年春），见《马克思恩格斯文集》第1卷第502页。

马克思和恩格斯与曼彻斯特纺织女工交谈
油画
高虹

为了生活,首先就需要吃喝住穿以及其他一些东西。因此第一个历史活动就是生产满足这些需要的资料,即生产物质生活本身,而且,这是人们从几千年前直到今天单是为了维持生活就必须每日每时从事的历史活动,是一切历史的基本条件。

马克思和恩格斯:《德意志意识形态》(1845年秋—1846年5月),见《马克思恩格斯文集》第1卷第531页。

马克思的小女儿爱琳娜

  唯物主义历史观从下述原理出发：生产以及随生产而来的产品交换是一切社会制度的基础；在每个历史地出现的社会中，产品分配以及和它相伴随的社会之划分为阶级或等级，是由生产什么、怎样生产以及怎样交换产品来决定的。

恩格斯：《社会主义从空想到科学的发展》（1880年1月—3月上半月），见《马克思恩格斯文集》第3卷第547页。

同魏特林决裂
中国画
纪青远

人们不能自由选择自己的生产力——这是他们的全部历史的基础，因为任何生产力都是一种既得的力量，是以往的活动的产物。可见，生产力是人们应用能力的结果，但是这种能力本身决定于人们所处的条件，决定于先前已经获得的生产力，决定于在他们以前已经存在、不是由他们创立而是由前一代人创立的社会形式。

马克思：《致帕维尔·瓦西里耶维奇·安年科夫》（1846 年 12 月 28 日），见《马克思恩格斯文集》第 10 卷第 43 页。

马克思(摄于1866年)

劳动生产力越高,消耗在一定量产品上的劳动就越少,因而产品的价值也越小。劳动生产力越低,消耗在同量产品上的劳动就越多,因而产品的价值也越高。

马克思:《工资、价格和利润》(1865年5月20日—6月24日之间),见《马克思恩格斯文集》第3卷第51页。

二十九岁的"马克思老爹"
版画
曹剑峰

在一切生产工具中,最强大的一种生产力是革命阶级本身。

马克思:《哲学的贫困》(1847年上半年),见《马克思恩格斯文集》第1卷第655页。

马克思

随着资本主义生产的扩展,科学因素第一次被有意识地和广泛地加以发展、应用并体现在生活中,其规模是以往的时代根本想象不到的。

马克思:《政治经济学批判(1861—1863年手稿)》(1861年8月—1863年7月),见《马克思恩格斯文集》第8卷第359页。

马克思、恩格斯与战友们在《新莱茵报》编辑部
油画
高莽

人们在生产中不仅仅影响自然界,而且也互相影响。

马克思:《雇佣资本与劳动》(1847年12月下半月),见《马克思恩格斯文集》第1卷第724页。

马克思签名照

  在原始积累的历史中，对正在形成的资本家阶级起过推动作用的一切变革，都是历史上划时代的事情；但是首要的因素是：大量的人突然被强制地同自己的生存资料分离，被当做不受法律保护的无产者抛向劳动市场。对农业生产者即农民的土地的剥夺，形成全部过程的基础。

马克思：《资本论》第1卷（1867年），见《马克思恩格斯文集》第5卷第823页

马克思夫人燕妮（中年时期）

买者是资本家，卖者是雇佣工人。而这种关系所以会发生，是因为劳动力实现的条件——生活资料和生产资料——已经作为他人的财产而和劳动力的占有者相分离了。

马克思：《资本论》第 2 卷（1885 年），见《马克思恩格斯文集》第 6 卷第 38 页。

马克思的大女儿燕妮

一定的分配形式是以生产条件的一定的社会性质和生产当事人之间的一定的社会关系为前提的。因此,一定的分配关系只是历史地规定的生产关系的表现。

马克思:《资本论》第3卷(1894年),见《马克思恩格斯文集》第7卷第998页。

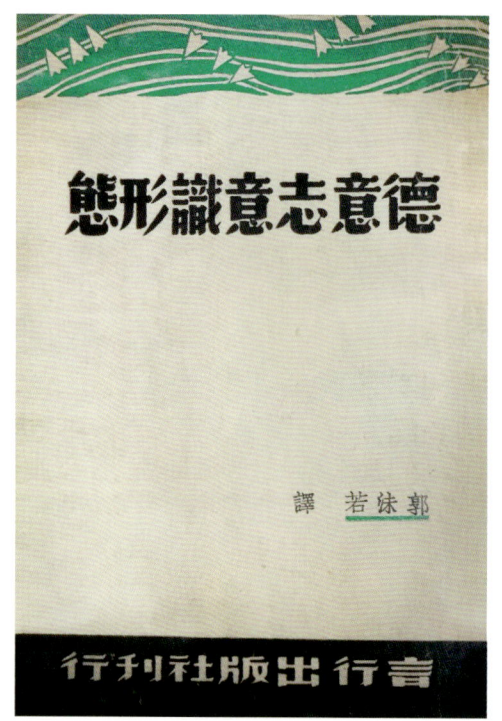

郭沫若翻译的《德意志意识形态》

人们用以生产自己的生活资料的方式，首先取决于他们已有的和需要再生产的生活资料本身的特性。这种生产方式不应当只从它是个人肉体存在的再生产这方面加以考察。更确切地说，它是这些个人的一定的活动方式，是他们表现自己生命的一定方式、他们的一定的生活方式。个人怎样表现自己的生命，他们自己就是怎样。因此，他们是什么样的，这同他们的生产是一致的——既和他们生产什么一致，又和他们怎样生产一致。

马克思和恩格斯：《德意志意识形态》（1845年秋—1846年5月），见《马克思恩格斯文集》第1卷第519—520页。

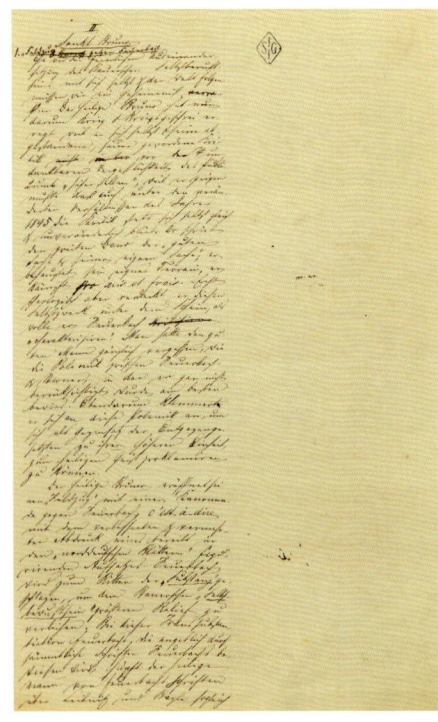

马克思和恩格斯合著的《德意志意识形态》手稿中的一页

私有财产是生产力发展一定阶段上必然的交往形式,这种交往形式在私有财产成为新出现的生产力的桎梏以前是不会消灭的,并且是直接的物质生活的生产所必不可少的条件。

马克思和恩格斯:《德意志意识形态》(1845年秋—1846年5月),见《马克思恩格斯全集》1960年版第3卷第410—411页。

忘我地工作
版画
许钦松

社会的物质生产力发展到一定阶段,便同它们一直在其中运动的现存生产关系或财产关系(这只是生产关系的法律用语)发生矛盾。于是这些关系便由生产力的发展形式变成生产力的桎梏。那时社会革命的时代就到来了。

马克思:《〈政治经济学批判〉序言》(1859 年 1 月),见《马克思恩格斯文集》第 2 卷第 591—592 页。

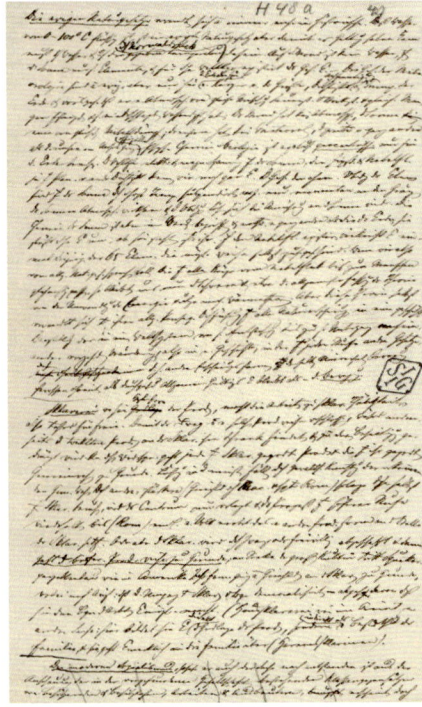

恩格斯《反杜林论》手稿中的一页

历史方面的情形也没有两样。一切文明民族都是从土地公有制开始的。在已经越过某一原始阶段的一切民族那里,这种公有制在农业的发展进程中变成生产的桎梏。它被废除,被否定,经过了或短或长的中间阶段之后转变为私有制。但是,在土地私有制本身所导致的较高的农业发展阶段上,私有制又反过来成为生产的桎梏——目前无论小地产还是大地产方面的情况都是这样。

恩格斯:《反杜林论》(1876年9月—1878年6月),见《马克思恩格斯文集》第9卷第145—146页。

恩格斯
素描
茹科夫

生产资料的扩张力撑破了资本主义生产方式所加给它的桎梏。把生产资料从这种桎梏下解放出来，是生产力不断地加速发展的唯一先决条件，因而也是生产本身实际上无限增长的唯一先决条件。

恩格斯：《反杜林论》（1876年9月—1878年6月），见《马克思恩格斯文集》第9卷第299页。

巴黎会晤
中国画
王为政

生产力和交往形式之间的这种矛盾——正如我们所见到的,它在迄今为止的历史中曾多次发生过,然而并没有威胁交往形式的基础——,每一次都不免要爆发为革命,同时也采取各种附带形式,如冲突的总和,不同阶级之间的冲突,意识的矛盾,思想斗争,政治斗争,等等。

马克思和恩格斯:《德意志意识形态》(1845年秋—1846年5月),见《马克思恩格斯文集》第1卷第567页。

153

写作《共产主义原理》
素描
刘文西

社会制度中的任何变化,所有制关系中的每一次变革,都是产生了同旧的所有制关系不再相适应的新的生产力的必然结果。

恩格斯:《共产主义原理》(1847年10月底—11月),见《马克思恩格斯文集》第1卷第684页。

马克思和恩格斯在国际海牙代表大会上
油画
王铁牛

  如果说人靠科学和创造性天才征服了自然力,那么自然力也对人进行报复,按人利用自然力的程度使人服从一种真正的专制,而不管社会组织怎样。想消灭大工业中的权威,就等于想消灭工业本身,即想消灭蒸汽纺纱机而恢复手纺车。

恩格斯:《论权威》(1872年10月—1873年3月),见《马克思恩格斯文集》第3卷第336页。

马克思和恩格斯探望病中的威廉·沃尔弗

至今一切社会的历史都是阶级斗争的历史。

马克思和恩格斯:《共产党宣言》(1848年),见《马克思恩格斯文集》第2卷第31页。

159

整理遗稿
版画
古元

我失去了一个相交 40 年的最好的、最亲密的朋友,我应感谢他的地方是无法用言语表达的。

恩格斯:《资本论》1883 年第三版序言,选自《马克思恩格斯全集》第二版第 44 卷第 28 页。

在共产主义同盟成立大会上
油画
张文新

资产阶级,由于开拓了世界市场,使一切国家的生产和消费都成为世界性的了。……过去那种地方的和民族的自给自足和闭关自守状态,被各民族的各方面的互相往来和各方面的互相依赖所代替了。物质的生产是如此,精神的生产也是如此。

马克思和恩格斯:《共产党宣言》(1847年12月—1848年1月底),见《马克思恩格斯文集》第2卷第35页。

恩格斯宣传共产主义
油画
高虹

统治阶级的思想在每一时代都是占统治地位的思想。这就是说，一个阶级是社会上占统治地位的物质力量，同时也是社会上占统治地位的精神力量。支配着物质生产资料的阶级，同时也支配着精神生产资料，因此，那些没有精神生产资料的人的思想，一般地是隶属于这个阶级的。

马克思和恩格斯：《德意志意识形态》（1845年秋—1846年6月），见《马克思恩格斯文集》第1卷第550页。

青年恩格斯
素描
茹科夫

个人利益必须服从公众利益。

马克思和恩格斯:《神圣家族》(1844年9—11月),见《马克思恩格斯文集》第1卷第338页。

恩格斯出席公开集会
油画
李骏

没有共同的利益,也就不会有统一的目的,更谈不上统一的行动。

恩格斯:《德国的革命和反革命》(1851年8月17日—1852年9月23日),见《马克思恩格斯文集》第2卷第359页。

星期日聚会
版画
汪晓曙

在我们当代的资本主义社会里,劳动力是商品,是跟任何其他的商品一样的商品,但却是一种完全特殊的商品。这就是说,这个商品具有一种独特的特性:它是创造价值的力量,是价值的源泉,并且——在适当使用的时候——是比自己具有的价值更多的价值的源泉。

恩格斯:《马克思〈雇佣劳动与资本〉1891年单行本导言》(1891年4月30日),见《马克思恩格斯文集》第1卷第708页。

向恩格斯报捷——《资本论》第一卷完成
油画
何孔德

一个商品占有者出售他现有的商品,而另一个商品占有者却只是作为货币的代表或作为未来货币的代表来购买这种商品。卖者成为债权人,买者成为债务人。由于商品的形态变化或商品的价值形式的发展在这里起了变化,货币也就取得了另一种职能。货币成了支付手段。

马克思:《资本论》第1卷(1867年),见《马克思恩格斯文集》第5卷第159页。

"埃及的幽囚"
油画
李新 张红年

这种从商人的彼此妒忌和贪婪中产生的国民经济学或发财致富的科学，在额角上带有最令人厌恶的自私自利的烙印。

恩格斯：《国民经济学批判大纲》（1843年底—1844年1月），选自《马克思恩格斯全集》第二版第3卷第442页。

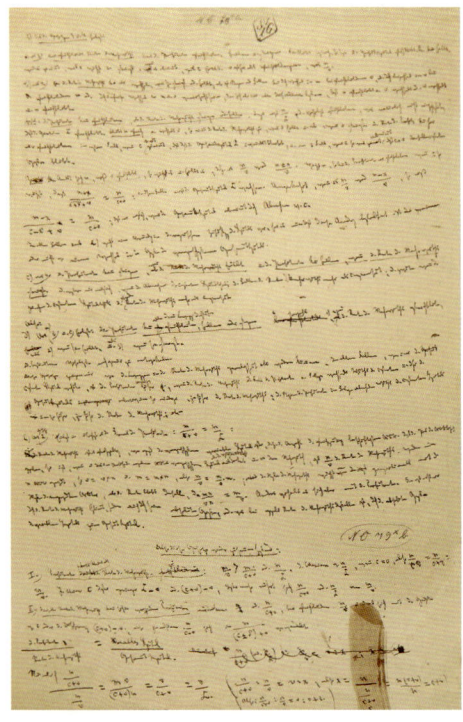

马克思《资本论》第三卷手稿中的一页

资本主义生产方式的经常趋势和发展规律,是使生产资料越来越同劳动分离,使分散的生产资料越来越大量积聚在一起,从而,使劳动转化为雇佣劳动,使生产资料转化为资本。另一方面,适应于这种趋势,土地所有权同资本和劳动相分离而独立,换句话说,一切土地所有权都转化为同资本主义生产方式相适应的土地所有权形式。

马克思:《资本论》第 3 卷(1894 年),见《马克思恩格斯文集》第 7 卷第 1001—1002 页。

马克思的二女儿劳拉

劳动本身经过一代又一代变得更加不同、更加完善和更加多方面了。除打猎和畜牧外,又有了农业,农业之后又有了纺纱、织布、冶金、制陶和航海。伴随着商业和手工业,最后出现了艺术和科学;从部落发展成了民族和国家。

恩格斯:《自然辩证法》(1873—1882年),见《马克思恩格斯文集》第9卷第557页。

179

写作《共产党宣言》
版画
徐龙宝

资产阶级,由于一切生产工具的迅速改进,由于交通的极其便利,把一切民族甚至最野蛮的民族都卷到文明中来了。

马克思和恩格斯:《共产党宣言》(1847年12月—1848年1月底),见《马克思恩格斯文集》第2卷第35页。

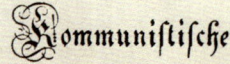

共产主义者同盟的机关刊物《共产主义杂志》

  资产阶级日甚一日地消灭生产资料、财产和人口的分散状态。它使人口密集起来，使生产资料集中起来，使财产聚集在少数人的手里。由此必然产生的结果就是政治的集中。各自独立的、几乎只有同盟关系的、各有不同利益、不同法律、不同政府、不同关税的各个地区，现在已经结合为一个拥有统一的政府、统一的法律、统一的民族阶级利益和统一的关税的统一的民族。

马克思和恩格斯：《共产党宣言》(1847年12月—1848年1月底)，见《马克思恩格斯文集》第2卷第36页。

在国际工人协会成立大会上
中国画
冯远

旧社会中身居高位的人物和统治阶级只有靠民族斗争和民族矛盾才能继续执掌政权和剥削从事生产劳动的人民群众,很自然,他们都把国际工人协会看作自己共同的敌人。

马克思:《致保尔·拉法格》(1871年3月23日),见《马克思恩格斯全集》1973年版第33卷第198页。

写作《共产党宣言》
版画
佚名

在当前同资产阶级对立的一切阶级中,只有无产阶级是真正革命的阶级。其余的阶级都随着大工业的发展而日趋没落和灭亡,无产阶级却是大工业本身的产物。

马克思和恩格斯:《共产党宣言》(1847年12月—1848年1月底),见《马克思恩格斯文集》第2卷第41页。

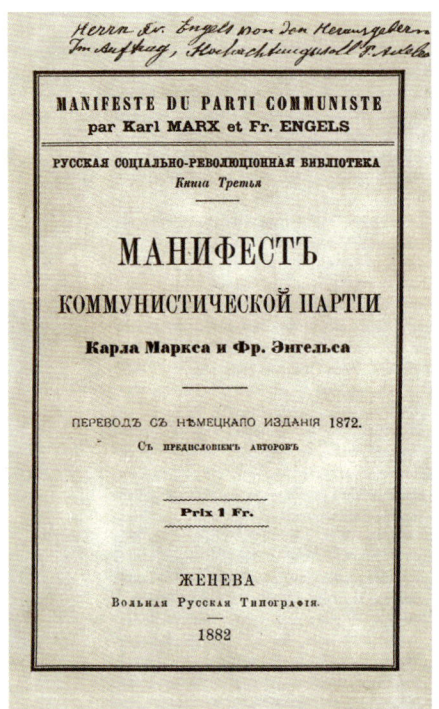

《共产党宣言》1882年俄文版,上有恩格斯留言

　　过去的一切运动都是少数人的,或者为少数人谋利益的运动。无产阶级的运动是绝大多数人的,为绝大多数人谋利益的独立的运动。无产阶级,现今社会的最下层,如果不炸毁构成官方社会的整个上层,就不能抬起头来,挺起胸来。

马克思和恩格斯:《共产党宣言》(1847年12月—1848年1月底),见《马克思恩格斯文集》第2卷第42页。

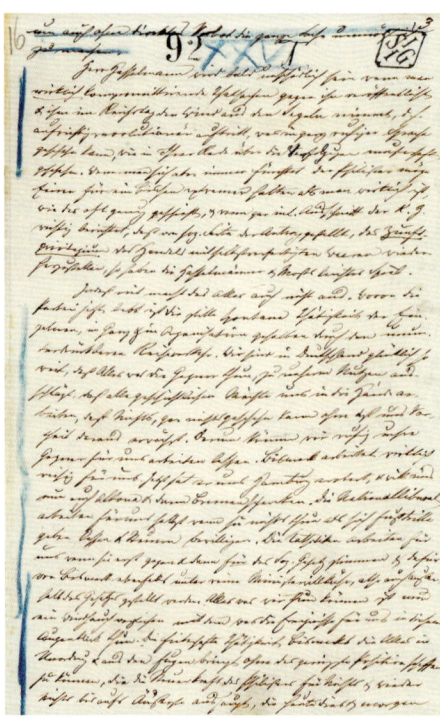

1879年9月17—18日马克思和恩格斯给奥·倍倍尔等人通告信的一页

工人阶级的解放应当是工人阶级自己的事情。所以，我们不能和那些公开说什么工人太没有教养，不能自己解放自己，因而必须由仁爱的大小资产者从上面来解放的人们一道走。

马克思和恩格斯：《给奥·倍倍尔、威·李卜克内西、威·白拉克等人的通告信》（1879年9月16日—18日之间），见《马克思恩格斯文集》第3卷第484页。

撰写《家庭、私有制和国家的起源》
版画
张怀江

但是，这并不是应该如此的。凡对统治阶级是好的，对整个社会也应该是好的，因为统治阶级把自己与整个社会等同起来了。所以文明时代越是向前进展，它就越是不得不给它所必然产生的种种坏事披上爱的外衣，不得不粉饰它们，或者否认它们。

恩格斯：《家庭、私有制和国家的起源》1884年第一版，选自《马克思恩格斯全集》第二版第28卷第206页。

恩格斯
素描
茹科夫

由于文明时代的基础是一个阶级对另一个阶级的剥削，所以它的全部发展都是在经常的矛盾中进行的。生产的每一进步，同时也就是被压迫阶级即大多数人的生活状况的一个退步。对一些人是好事，对另一些人必然是坏事，一个阶级的任何新的解放，必然是对另一个阶级的新的压迫。

恩格斯：《家庭、私有制和国家的起源》（1884年3月底—5月底），见《马克思恩格斯文集》第4卷第196—197页。

恩格斯
中国画
蒋兆和

　　土地占有制和资产阶级之间的斗争,正如资产阶级和无产阶级之间的斗争一样,首先是为了经济利益而进行的,政治权力不过是用来实现经济利益的手段。

恩格斯:《路德维希·费尔巴哈和德国古典哲学的终结》(1886年初),
见《马克思恩格斯文集》第4卷第305页。

驱离巴黎
版画
应强

当文明一开始的时候,生产就开始建立在级别、等级和阶级的对抗上,最后建立在积累的劳动和直接的劳动的对抗上。没有对抗就没有进步。这是文明直到今天所遵循的规律。到目前为止,生产力就是由于这种阶级对抗的规律而发展起来的。

马克思:《哲学的贫困》(1847年上半年),见《马克思恩格斯全集》1958年版第4卷第104页。

流亡者之家
版画
克俊

自从有工人运动以来,斗争是第一次在其所有三个方面——理论方面、政治方面和实践经济方面(反抗资本家)互相配合,互相联系,有计划地推进。

恩格斯:《〈德国农民战争〉1870年第二版序言的补充》(1874年7月1日),见《马克思恩格斯文集》第2卷第218页。

203

口授《资本论》
素描
茹科夫

一切政治斗争都是阶级斗争,而一切争取解放的阶级斗争,尽管它必然地具有政治的形式(因为一切阶级斗争都是政治斗争),归根到底都是围绕着经济解放进行的。

恩格斯:《路德维希·费尔巴哈和德国古典哲学的终结》(1886年初),见《马克思恩格斯文集》第4卷第306页。

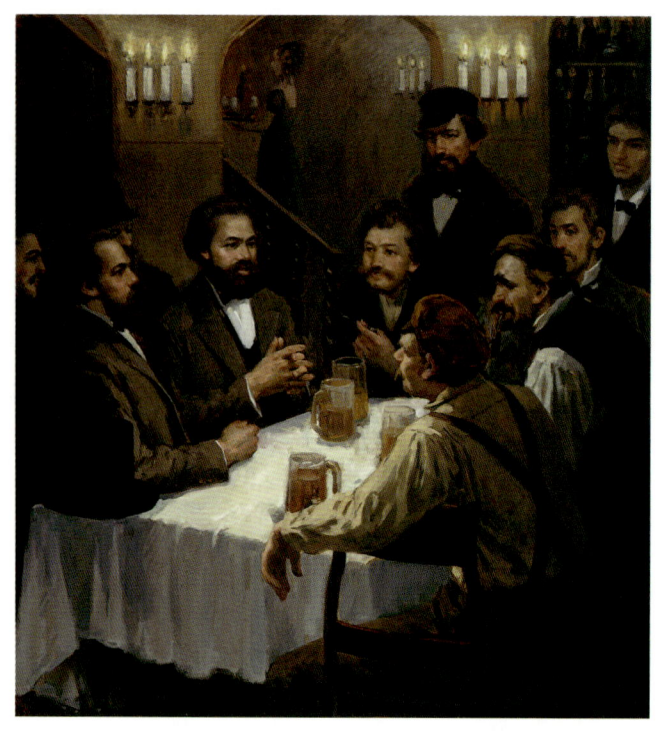

马克思和恩格斯动员德国工人分散回国
油画
邓澍

工人,首先是共产主义者同盟,不应再度降低自己的地位,去充当资产阶级民主派的随声附和的合唱队,而应该谋求在正式的民主派旁边建立一个秘密的和公开的独立工人政党组织,并且应该使自己的每一个支部都成为工人协会的中心和核心,在这种工人协会中,无产阶级的立场和利益问题应该能够进行独立讨论而不受资产阶级影响。

马克思和恩格斯:《共产主义者同盟中央委员会告同盟书》(1850年3月24日以前),见《马克思恩格斯文集》第2卷第193页。

在共产主义者同盟第二次代表大会上
油画
杨克山

　　工人阶级政党在一定的条件下完全可以利用其他政党和党派来达到自己的目的，但是它不应当隶属任何其他政党。

马克思和恩格斯：《中央委员会告共产主义者同盟书》（1850年6月），
见《马克思恩格斯全集》1959年版第7卷第362页。

马克思和李卜克内西
油画
高莽

　　任何党的领导都希望看到成功,这也是很好的。但是在某些情况下,需要有勇气为了更重要的事情而牺牲一时的成功。尤其是像我们这样的政党,它的最后的成功是绝对不成问题的,它在我们这一生中并且在我们眼前已获得了如此巨大的发展,所以它决不是始终无条件地需要一时的成功。

恩格斯:《致奥古斯特·倍倍尔》(1873年6月20日),见《马克思恩格斯文集》第10卷第391页。

211

起草《共产党宣言》
油画
高莽

共产党人同全体无产者的关系是怎样的呢？共产党人不是同其他工人政党相对立的特殊政党。他们没有任何同整个无产阶级的利益不同的利益。他们不提出任何特殊的原则，用以塑造无产阶级的运动。

马克思和恩格斯：《共产党宣言》（1847年12月—1848年1月底），见《马克思恩格斯文集》第2卷第44页。

213

在国际工人协会成立大会上
版画
傅靖生

无产阶级在反对有产阶级联合力量的斗争中,只有把自身组织成为与有产阶级建立的一切旧政党不同的、相对立的政党,才能作为一个阶级来行动。

马克思:《国际工人协会共同章程》(1871年9月底10月初—大约11月6日),见《马克思恩格斯文集》第3卷第228页。

215

马克思和恩格斯满腔热忱支持巴黎公社
油画
骆根兴

"公社万岁!工人的国际团结万岁!"

马克思和恩格斯:《纪念巴黎公社十五周年》,选自《马克思恩格斯全集》第二版第28卷第376页。

在新形势下捍卫和发展马克思主义
版画
李焕民

所以，国家并不是从来就有的。曾经有过不需要国家，而且根本不知国家和国家权力为何物的社会。在经济发展到一定阶段而必然使社会分裂为阶级时，国家就由于这种分裂而成为必要了。

恩格斯：《家庭、私有制和国家的起源》（1884年3月底—5月底），见《马克思恩格斯文集》第4卷第193页。

并肩前进四十年
油画
高莽

而现代国家也只是资产阶级社会为了维护资本主义生产方式的一般外部条件使之不受工人和个别资本家的侵犯而建立的组织。现代国家,不管它的形式如何,本质上都是资本主义的机器,资本家的国家,理想的总资本家。它越是把更多的生产力据为己有,就越是成为真正的总资本家,越是剥削更多的公民。

恩格斯:《社会主义从空想到科学的发展》(1880年1月—3月上半月),见《马克思恩格斯文集》第3卷第559—560页。

二十四岁的《莱茵报》主笔
中国画
赵绪成

在民主制中,不是人为法律而存在,而是法律为人而存在;在这里法律是人的存在,而在其他国家形式中,人是法定的存在。民主制的基本特点就是这样。

马克思:《黑格尔法哲学批判》,选自《马克思恩格斯全集》第二版第3卷第40页。

忠贞的爱情
中国画
林墉

　　燕妮，任它物换星移、天旋地转，你永远是我心中的蓝天和太阳，任世人怀着敌意对我诽谤中伤，燕妮，只要你属于我，我终将使他们成为败将。

马克思：诗集《爱之书》第一部《思念：致燕妮》，选自《马克思恩格斯全集》第二版第 1 卷第 481 页。

马克思和恩格斯在《莱茵报》编辑部
版画
汪晓曙

思想、观念、意识的生产最初是直接与人们的物质活动,与人们的物质交往,与现实生活的语言交织在一起的。人们的想象、思维、精神交往在这里还是人们物质行动的直接产物。表现在某一民族的政治、法律、道德、宗教、形而上学等的语言中的精神生产也是这样。

马克思和恩格斯:《德意志意识形态》(1845年秋—1846年5月),见《马克思恩格斯文集》第1卷第524页。

郊游
版画
汪晓曙

　　物质生活的生产方式制约着整个社会生活、政治生活和精神生活的过程。不是人们的意识决定人们的存在,相反,是人们的社会存在决定人们的意识。

马克思:《〈政治经济学批判〉序言》(1859年1月),见《马克思恩格斯文集》第2卷第591页。

检阅国际无产阶级队伍
版画
汪晓曙

政治、法、哲学、宗教、文学、艺术等等的发展是以经济发展为基础的。但是，它们又都互相作用并对经济基础发生作用。这并不是说，只有经济状况才是原因，才是积极的，其余一切都不过是消极的结果，而是说，这是在归根到底不断为自己开辟道路的经济必然性的基础上的相互作用。

恩格斯：《致瓦尔特·博尔吉乌斯》（1894年1月25日），见《马克思恩格斯文集》第10卷第668页。

走进社会
版画
彭世强

统治阶级的思想在每一时代都是占统治地位的思想。

马克思和恩格斯:《德意志意识形态》(1845年秋—1846年5月),见《马克思恩格斯文集》第1卷第550页。

世界无产阶级的革命导师
版画
汪晓曙

传统是一种巨大的阻力,是历史的惯性力,但是它是消极的,所以一定要被摧毁。

恩格斯:《〈社会主义从空想到科学的发展〉1892年英文版导言》(1892年4月20日),见《马克思恩格斯文集》第3卷第521页。

在恩格斯家做客
中国画
杨刚

　　但是在科学的入口处,正像在地狱的入口处一样,必须提出这样的要求:"这里必须根绝一切犹豫;这里任何怯懦都无济于事。"

马克思:《〈政治经济学批判〉序言》(1859年1月),见《马克思恩格斯文集》第2卷第594页。

237

马克思、恩格斯与马克思的三个女儿在一起

在科学上没有平坦的大道,只有不畏劳苦沿着陡峭山路攀登的人,才有希望达到光辉的顶点。

马克思:《〈资本论〉第1卷法文版序言和跋》(1872年3月18日),见《马克思恩格斯文集》第5卷第24页。

整理马克思遗稿
油画
高莽

科学越是毫无顾忌和大公无私，它就越符合工人的利益和愿望。

恩格斯：《路德维希·费尔巴哈和德国古典哲学的终结》（1886年初），见《马克思恩格斯文集》第4卷第313页。

马克思和恩格斯在伦敦
版画
汪晓曙

  火药、指南针、印刷术——这是预告资产阶级社会到来的三大发明。火药把骑士阶层炸得粉碎,指南针打开了世界市场并建立了殖民地,而印刷术则变成新教的工具,总的来说变成科学复兴的手段,变成对精神发展创造必要前提的最强大的杠杆。

马克思:《政治经济学批判(1861—1863年手稿)》(1861年8月—1863年7月),见《马克思恩格斯文集》第8卷第338页。

五一节集会上
油画
高莽

全部哲学,特别是近代哲学的重大的基本问题,是思维和存在的关系问题。

恩格斯:《路德维希·费尔巴哈和德国古典哲学的终结》(1886年初),见《马克思恩格斯文集》第4卷第277页。

245

青年马克思
雕塑
马力

哲学把无产阶级当做自己的物质武器，同样，无产阶级也把哲学当做自己的精神武器。

马克思：《〈黑格尔法哲学批判〉导言》（1843年10月中—12月中）《马克思恩格斯文集》第1卷第17页。

探望老战友威廉·沃尔弗
油画
李天祥 赵友萍

辩证法,在其合理形态上,引起资产阶级及其空论主义的代言人的恼怒和恐怖,因为辩证法在对现存事物的肯定的理解中同时包含对现存事物的否定的理解,即对现存事物的必然灭亡的理解;辩证法对每一种既成的形式都是从不断的运动中,因而也是从它的暂时性方面去理解;辩证法不崇拜任何东西,按其本质来说,它是批判的和革命的。

马克思:《〈资本论〉第 1 卷 1872 年第二版跋》(1873 年 1 月 24 日),见《马克思恩格斯文集》第 5 卷第 22 页。

马克思的童年
中国画
高莽

　　人创造了宗教,而不是宗教创造人。就是说,宗教是还没有获得自身或已经再度丧失自身的人的自我意识和自我感觉。但是,人不是抽象的蛰居于世界之外的存在物。人就是人的世界,就是国家,社会。这个国家、这个社会产生了宗教,一种颠倒的世界意识,因为它们就是颠倒的世界。

马克思:《〈黑格尔法哲学批判〉导言》(1843年10月中—12月中),
见《马克思恩格斯文集》第1卷第3页。

253

在施特拉劳渔村
版画
盛增祥

宗教里的苦难既是现实的苦难的表现,又是对这种现实的苦难的抗议。宗教是被压迫生灵的叹息,是无情世界的情感,正像它是无精神活力的制度的精神一样。

马克思:《〈黑格尔法哲学批判〉导言》(1843年10月中—12月中),见《马克思恩格斯文集》第1卷第4页。

255

恩格斯在柏林大学
素描
茹科夫

其实神不过是由于人在自己不发达的意识的混乱材料中的反映而创造出来的。

恩格斯：《英国状况——评托马斯·卡莱尔的〈过去和现在〉》（1844年1月），见《马克思恩格斯全集》1956年版第1卷第650页。

马克思和恩格斯在伦敦街头
素描
茹科夫

唯物主义历史观从下述原理出发：生产以及随生产而来的产品交换是一切社会制度的基础；在每个历史地出现的社会中，产品分配以及和它相伴随的社会之划分为阶级或等级，是由生产什么、怎样生产以及怎样交换产品来决定的。

恩格斯：《反杜林论》（1876年9月—1878年6月），见《马克思恩格斯文集》第9卷第283—284页。

马克思回答老师提问
版画
赵宗藻

一个选择了自己所珍视的职业的人,一想到他可能不称职时就会战战兢兢——这种人单是因为他在社会上所处的地位是高尚的,他也就会使自己的行为保持高尚。

马克思:《青年在选择职业时的考虑》,选自《马克思恩格斯全集》第二版第 1 卷第 459 页。

261

立志为人类服务
油画
高莽

　　如果我们选择了最能为人类福利而劳动的职业，那么，重担就不能把我们压倒，因为这是为大家而献身；那时我们所感到的就不是可怜的、有限的、自私的乐趣，我们的幸福将属于千百万人，我们的事业将默默地、但是永恒发挥作用地存在下去，而面对我们的骨灰，高尚的人们将洒下热泪。

马克思：《青年在选择职业时的考虑》（1835年8月12日），见《马克思恩格斯全集》1982年版第40卷第7页。

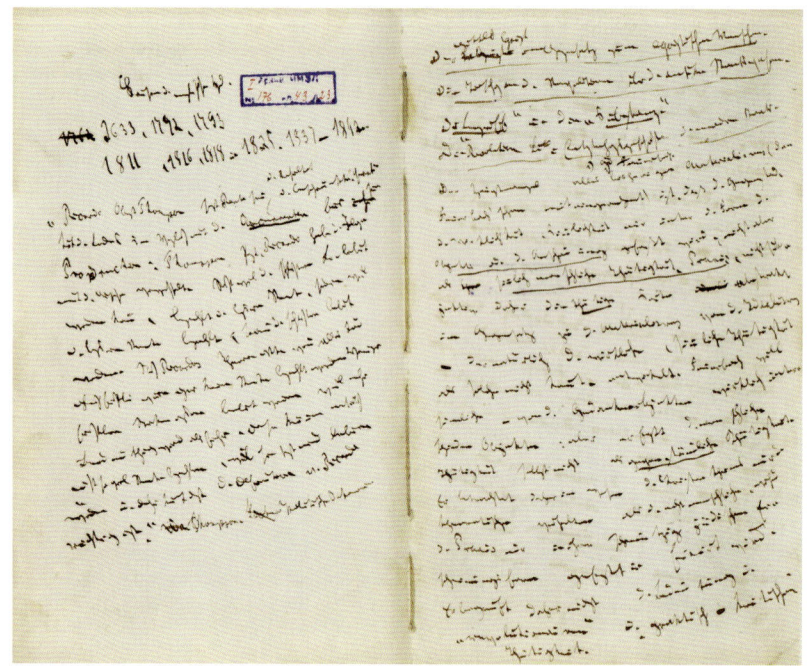

马克思《关于费尔巴哈的提纲》手稿

全部社会生活在本质上是实践的。凡是把理论引向神秘主义的神秘东西,都能在人的实践中以及对这种实践的理解中得到合理的解决。

马克思:《关于费尔巴哈的提纲》,选自《马克思恩格斯文集》第 1 卷,北京:人民出版社 2009 年版,第 501 页。

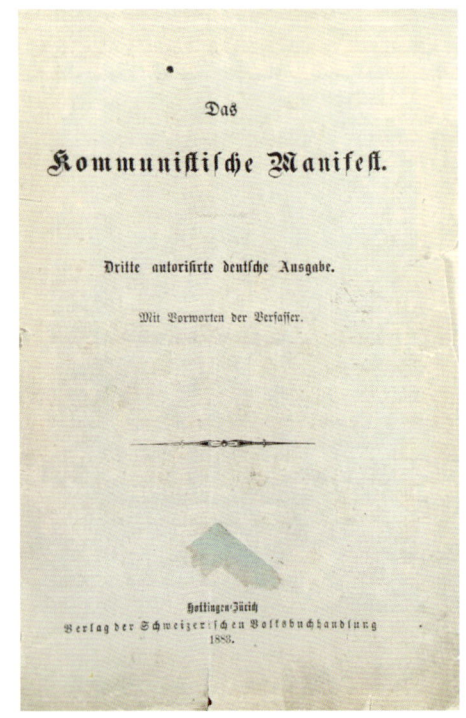

《共产党宣言》1883年德文第三版

过去的一切运动都是少数人的，或者为少数人谋利益的运动。无产阶级的运动是绝大多数人的，为绝大多数人谋利益的独立的运动。

马克思和恩格斯：《共产党宣言》（1847年12月—1848年1月底），见《马克思恩格斯文集》第2卷第42页。

267

马克思(摄于 1867 年)

　　我不得不利用我还能工作的每时每刻来完成我的著作,为了它,我已经牺牲了我的健康、幸福和家庭。我希望,这样解释就够了。我嘲笑那些所谓"实际的"人和他们的聪明。如果一个人愿意变成一头牛,那他当然可以不管人类的痛苦,而只顾自己身上的皮。但是,如果我没有全部完成我的这部书(至少是写成草稿)就死去的话,那我的确会认为自己是不实际的。

马克思:《致齐格弗里德·迈耶尔》(1867 年 4 月 30 日),见《马克思恩格斯文集》第 10 卷第 253 页。

269

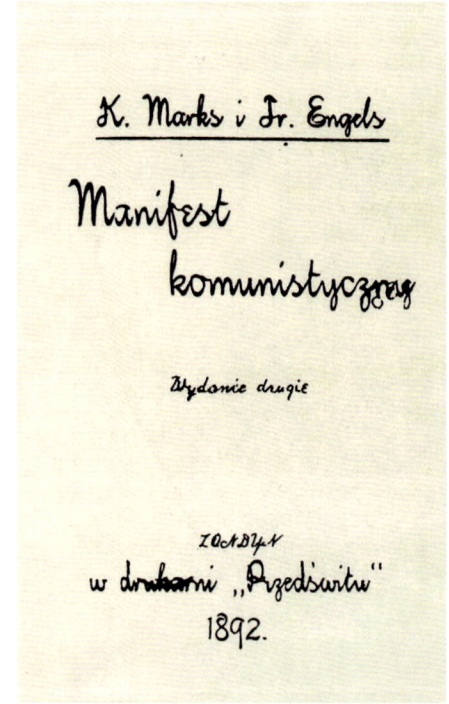

《共产党宣言》1892年波兰文第一版

代替那存在着阶级和阶级对立的资产阶级旧社会的,将是这样一个联合体,在那里,每个人的自由发展是一切人的自由发展的条件。

马克思和恩格斯:《共产党宣言》(1847年12月—1848年1月底),见《马克思恩格斯文集》第2卷第53页。

271

在《新莱茵报》编辑部
版画
佚名

判断一个人当然不是看他的声明,而是看他的行为;不是看他自称如何如何,而是看他做些什么和实际是怎样一个人。

恩格斯:《德国的革命和反革命》(1852年7月),见《马克思恩格斯文集》第2卷第438页。

273

恩格斯访问美国
油画
高莽

我们通常都以为,美国是一个新世界——新不仅是就发现它的时间而言,而且是就它的一切制度而言;这个新世界由于蔑视一切继承的和传统的东西而远远超过了我们这些旧式的、沉睡的欧洲人:这个新世界是由现代的人们完全根据现代的、实际的、合理的原则在处女地上彻底新建的。

马克思:《美国旅行印象》(1888 年 9 月),选自《马克思恩格斯全集》第二版第 28 卷第 562 页。

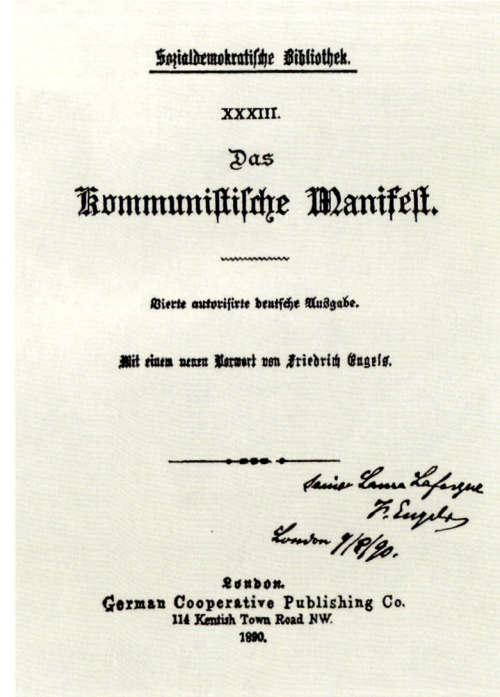

《共产党宣言》1890年德文版,上有恩格斯留言

今天的情景将会使全世界的资本家和地主看到:全世界的无产者现在真正联合起来了。如果马克思今天还能同我站在一起亲眼看见这种情景,那该多好啊!

恩格斯:《〈共产党宣言〉1890年德文版序言》(1890年5月1日),见《马克思恩格斯文集》第2卷,北京:人民出版社2009年版,第22页。

逼离巴黎
中国画
刘向平

没有共同的利益,也就不会有统一的目的,更谈不上统一的行动。

恩格斯:《德国的革命和反革命》(1851年8月17日—1852年9月23日),见《马克思恩格斯文集》第2卷第359页。

《共产党宣言》1893年意大利文版

　　工人没有祖国。决不能剥夺他们所没有的东西。因为无产阶级首先必须取得政治统治,上升为民族的阶级,把自身组织成为民族,所以他本身还是民族的,虽然完全不是资产阶级所理解的那种意思。

马克思和恩格斯:《共产党宣言》(1847年12月—1848年1月底),见《马克思恩格斯文集》第2卷第50页。

《共产党宣言》1888年英文版

每一历史时代主要的经济生产方式和交换方式以及必然由此产生的社会结构,是该时代政治的和精神的历史所赖以确立的基础……

恩格斯:《〈共产党宣言〉1888年英文版序言》(1888年1月30日),见《马克思恩格斯文集》第2卷第14页。

283

公社流亡者在伦敦的避难所
版画
曹剑峰

  因而每一时代的社会经济结构形成现实基础，每一个历史时期的由法的设施和政治设施以及宗教的、哲学的和其他的观念形式所构成的全部上层建筑，归根到底都应由这个基础来说明。

恩格斯：《反杜林论》（1876年9月—1878年6月），见《马克思恩格斯文集》第9卷第29页。

恩格斯热情接待来访者
版画
汪晓曙

以往的全部历史,除原始状态外,都是阶级斗争的历史;这些互相斗争的社会阶级在任何时候都是生产关系和交换关系的产物,一句话,都是自己时代的经济关系的产物;因而每一时代的社会经济结构形成现实基础,每一个历史时期的由法的设施和政治设施以及宗教的、哲学的和其他的观念形式所构成的全部上层建筑,归根到底都应由这个基础来说明。

恩格斯:《社会主义从空想到科学的发展》(1880年1月—3月上半月),见《马克思恩格斯文集》第3卷第544页。

"将军"
版画
汪晓曙

革命就是一部分人用枪杆、刺刀、大炮，即用非常权威的手段强迫另一部分人接受自己的意志。

恩格斯：《论权威》（1872年10月—1873年3月），见《马克思恩格斯文集》第3卷第338页。

马克思和恩格斯在一起
油画
高泉

任何一次真正的革命都是社会革命,因为它使新阶级占据统治地位并且让这个阶级有可能按照自己的面貌来改造社会。

恩格斯:《流亡者文献》(1874年5月中—1875年4月),见《马克思恩格斯文集》第3卷第393页。

马克思晚年关注俄国和东方经济落后国家的发展道路
油画
刘健

革命是一种与其说受平时决定社会发展的法则支配，不如说在更大程度上受物理定律支配的纯自然现象。或者更确切地说，这些法则在革命时期具有大得多的物理性质，必然性的物质力量表现得更加强烈。

恩格斯：《致马克思》（1851年2月13日），见《马克思恩格斯全集》1972年版第27卷第210页。

293

同维利希—沙佩尔集团的斗争
工笔画
杨刚

过去一切阶级在争得统治之后,总是使整个社会服从于它们发财致富的条件,企图以此来巩固它们已经获得的生活地位。无产者只有废除自己的现存的占有方式,从而废除全部现存的占有方式,才能取得社会生产力。

马克思和恩格斯:《共产党宣言》(1847年12月—1848年1月),见《马克思恩格斯文集》第2卷第42页。

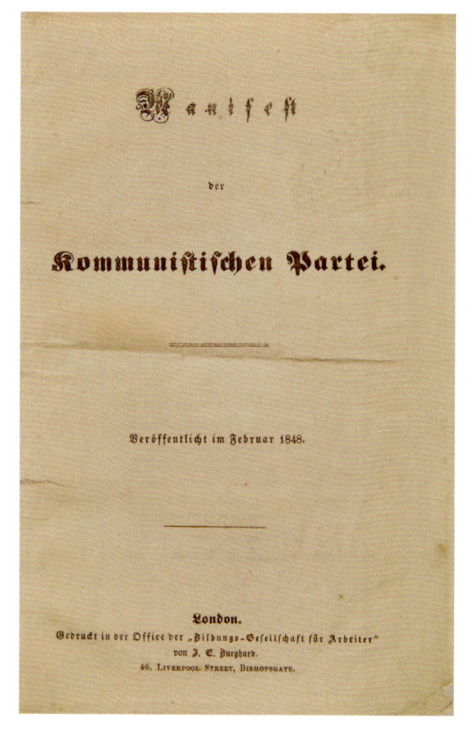

《共产党宣言》德文第一版扉页

共产党人到处都支持一切反对现存的社会制度和政治制度的革命运动。在所有这些运动中，他们都强调所有制问题是运动的基本问题，不管这个问题的发展程度怎样。

马克思和恩格斯：《共产党宣言》（1847年12月—1848年1月），见《马克思恩格斯文集》第2卷第66页。

在科隆民众大会上
水粉画
陈衍宁

工人阶级根据自己的经验认识到,他们要获得任何持久的利益,不能够依靠别人,而应当亲自争取,首先应当采取的办法是夺取政权。

恩格斯:《十小时工作日问题》(1850年2月——大约20日之间),选自《马克思恩格斯全集》第二版第10卷第286页。

深入工人群众
素描
茹科夫

同时我们始终认为,为了达到未来社会革命的这一目的以及其他更重要得多的目的,工人阶级应当首先掌握有组织的国家政权并依靠这个政权镇压资本家阶级的反抗和按新的方式组织社会。

恩格斯:《致菲力浦·范派顿》(1883年4月18日),见《马克思恩格斯文集》第10卷第506页。

恩格斯与青年学者
素描
茹科夫

迄今的一切革命,都是为了保护一种所有制而反对另一种所有制的革命。它们如果不侵犯另一种所有制,便不能保护这一种所有制。

恩格斯:《家庭、私有制和国家的起源》(1884年3月底—5月底),见《马克思恩格斯文集》第4卷第132页。

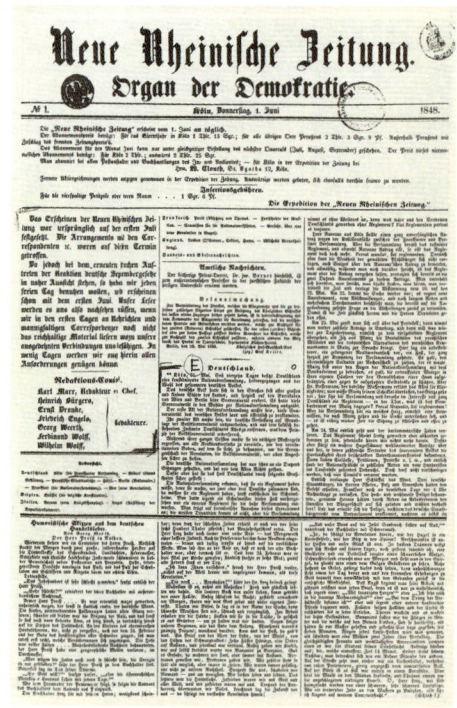

《新莱茵报》创刊号

革命是历史的火车头。

马克思:《1848年至1850年的法兰西阶级斗争》(1849年底—1850年3月底和1850年10月—11月1日),见《马克思恩格斯文集》第2卷第161页。

305

马克思写作博士论文
版画
许钦松

　　伊壁鸠鲁和德谟克利特在哲学上的区别在于，伊壁鸠鲁在矛盾极端尖锐的情况下把握矛盾并使之对象化，因而把成为现象基础的、作为"元素"的原子同存在于虚空中的作为"本原"的原子区别开来；而德谟克利特则仅仅将其中的一个环节对象化。

马克思：《德谟克利特的自然哲学和伊壁鸠鲁的自然哲学的差别》，选自《马克思恩格斯全集》第二版第 1 卷第 50 页。

写作《共产党宣言》
素描
茹科夫

资产阶级生存和统治的根本条件，是财富在私人手里的积累，是资本的形成和增殖；资本的条件是雇佣劳动。雇佣劳动完全是建立在工人的自相竞争之上的。资产阶级无意中造成而又无力抵抗的工业进步，使工人通过结社而达到的革命联合代替了他们由于竞争而造成的分散状态。于是，随着大工业的发展，资产阶级赖以生产和占有产品的基础本身也就从它的脚下被挖掉了。它首先生产的是它自身的掘墓人。资产阶级的灭亡和无产阶级的胜利是同样不可避免的。

马克思和恩格斯：《共产党宣言》（1847年12月—1848年1月底），见《马克思恩格斯文集》第2卷第43页。

马克思在泰晤士河边
油画
高莽

新的革命,只有在新的危机之后才可能发生。但新的革命正如新的危机一样肯定会来临。

马克思:《1848年至1850年的法兰西阶级斗争》(1849年底—1850年3月底和1850年10月—11月1日),见《马克思恩格斯文集》第2卷第176页。

恩格斯与玛丽
中国画
王有政

革命不能故意地、随心所欲地制造,革命在任何地方和任何时候都是完全不以单个政党和整个阶级的意志和领导为转移的各种情况的必然结果。

恩格斯:《共产主义原理》(1847年10月底—11月),见《马克思恩格斯文集》第1卷第685页。

狩猎
油画
孙向阳

物、物质无非是各种物的总和，而这个概念就是从这一总和中抽象出来的，运动本身无非是一切感官可感知的运动形式的总和。

恩格斯：《自然辩证法》（1873—1882 年），见《马克思恩格斯文集》第 9 卷第 500 页。

清算巴枯宁主义
油画
高莽

彻底的社会革命是同经济发展的一定历史条件联系着的；这些条件是社会革命的前提。因此，只有在工业无产阶级随着资本主义生产的发展，在人民群众中至少占有重要地位的地方，社会革命才有可能。

马克思：《巴枯宁〈国家制度和无政府状态〉一书摘要》(1874—1875年初)，见《马克思恩格斯文集》第3卷第404页。

向旧世界挑战
油画
高莽

共产党人可以把自己的理论概括为一句话：消灭私有制。

马克思和恩格斯:《共产党宣言》(1847年12月—1848年1月底),见《马克思恩格斯文集》第2卷第45页。

马克思在国际总委员会上发言
油画
佚名

　　每一个国家的国际工人协会支部都应当号召工人阶级行动起来。如果工人们忘记自己的职责，如果他们采取消极态度，那么现在这场可怕的战争就只不过是将来的更可怕的国际战争的序幕，并且会在每一国家内使刀剑、土地和资本的主人又一次获得对工人的胜利。

马克思与恩格斯：《国际工人协会总委员会关于普法战争的第二篇宣言》，见《马克思恩格斯全集》1963 年版第 17 卷 293 页。

323

科学上不畏劳苦的人
油画
高莽

总之,共产党人到处都支持一切反对现存的社会制度和政治制度的革命运动。在所有这些运动中,他们都强调所有制问题是运动的基本问题,不管这个问题的发展程度怎样。

马克思和恩格斯:《共产党宣言》(1847年12月—1848年1月底),见《马克思恩格斯文集》第2卷第66页。

325

国际的灵魂
油画
高莽

无产阶级在反对有产阶级联合力量的斗争中,只有把自身组织成为与有产阶级建立的一切旧政党不同的、相对立的政党,才能作为一个阶级来行动。

马克思:《国际工人协会共同章程》(1871年9底10月初—大约11月6日),见《马克思恩格斯文集》第3卷第228页。

坚决站在"冲天的巴黎人"一边
油画
张文新

这终究是工人阶级被公认为能够发挥社会首倡作用的唯一阶级的第一次革命;这是除了富有的资本家以外的巴黎中等阶级的广大阶层——小贩、手工业者和商人也都一致公认的。

马克思:《国际工人协会总委员会宣言》,见《马克思恩格斯全集》1963年版第17卷363页。

329

捍卫马克思主义
油画
高莽

为了眼前暂时的利益而忘记根本大计,只图一时的成就而不顾后果,为了运动的现在而牺牲运动的未来,这种做法可能也是出于"真诚的"动机。但这是机会主义,始终是机会主义,而且"真诚的"机会主义也许比其他一切机会主义更危险。

恩格斯:《1891年社会民主党纲领草案批判》(1891年6月18—29日之间),见《马克思恩格斯文集》第4卷第414—415页。

在布鲁塞尔被捕
油画
陈景湧

在实践方面,共产党人是各国工人政党中最坚决的、始终起推动作用的部分;在理论方面,他们胜过其余无产阶级群众的地方在于他们了解无产阶级运动的条件、进程和一般结果。

马克思和恩格斯:《共产党宣言》(1847年12月—1848年1月底),见《马克思恩格斯文集》第2卷第44页。

恩格斯

我们党有个很大的优点，就是有一个新的科学的世界观作为理论的基础……

恩格斯：《卡尔·马克思〈政治经济学批判。第一分册〉》（1859年8月3—15日），见《马克思恩格斯文集》第2卷第599页。

写作《哥达纲领批判》
油画
高莽

一步实际运动比一打纲领更重要。

马克思：《哥达纲领批判》（1875年5月5日），见《马克思恩格斯文集》第3卷第426页。

337

恩格斯

我们现在必须绝对保持党的纪律，否则将一事无成。

马克思：《致恩格斯》（1859年5月18日），见《马克思恩格斯全集》1972年版第29卷第413页。

在国际工人协会成立大会上
素描
顾盼

为了保证革命的成功，必须有思想和行动的统一。

马克思和恩格斯：《社会主义民主同盟和国际工人协会》（1873年4—7月），见《马克思恩格斯全集》1964年版第18卷第385页。

在苏黎世第三次国际社会主义工人代表大会上
油画
高莽

为了不致蜕化成为宗派，我们应当容许讨论，但是共同的原则应当始终不渝地遵守。

恩格斯：《1893年8月12日在苏黎世国际社会主义工人代表大会上的闭幕词》，见《马克思恩格斯全集》1965年版第22卷480页。

海滨疗养
油画
汤小铭

党内的分歧并不怎么使我不安;偶尔发生这类事情而且人们都公开发表意见,比暮气沉沉要好得多。

恩格斯:《致保尔·施土姆普弗》(1895年1月3日),见《马克思恩格斯文集》第10卷第683页。

345

向国际总委员会报告巴黎起义的情况
素描
顾盼

要对付这一切阴谋诡计，只有一个办法，然而是具有毁灭性力量的办法，这就是把它彻底公开。把这些阴谋诡计彻头彻尾地加以揭穿，就是使它们失去任何力量。

马克思和恩格斯：《社会主义民主同盟和国际工人协会》（1873年4—7月），见《马克思恩格斯全集》1964年版第18卷第372页

347

恩格斯和莉希
油画
高莽

不要让"团结"的叫喊把自己弄糊涂了。那些口头上喊这个口号喊得最多的人，恰好是煽动不和的罪魁；现在瑞士汝拉的巴枯宁派正是如此：他们是一切分裂的制造者，可是叫喊团结叫喊得最响。……正因为如此，最大的宗派主义者、争论成性者和恶徒，在一定的时机会比一切人都更响亮地叫喊团结。在我们的一生中，这些大嚷团结的人给我们造成的麻烦和捣的鬼，比任何人都多。

恩格斯：《致奥古斯特·倍倍尔》（1873年6月20日），见《马克思恩格斯文集》第10卷第391页。

星期日聚会
版画
汪晓曙

  每一个多少有点国际运动经验的人都知道,一旦发生分裂,制造分裂的人或被公认为制造分裂的人始终是工人心目中的罪人。

恩格斯:《1891年国际工人代表大会》(1890年9月9日和15日之间),见《马克思恩格斯全集》1965年版第22卷第84页。

争取正义者同盟成员
油画
高莽

共产主义不是教义,而是运动。它不是从原则出发,而是从事实出发。

恩格斯:《共产主义者和卡尔·海因岑》(1847年9月27日前和10月3日),见《马克思恩格斯文集》第1卷第672页。

在《新莱茵报》编辑部
油画
高莽

凡是反革命当局用暴力手段阻挠这些安全委员会成立和活动的地方，都应当用一切暴力手段来还击暴力。消极反抗应当以积极反抗为后盾。否则这种反抗就像被屠夫拉去屠宰的牛犊的反抗一样。

马克思：《艾希曼的命令》（1848年11月18日），见《马克思恩格斯全集》1961年版第6卷第38页。

向最忠诚的朋友报捷——《资本论》第一卷完成
中国画
姚有多

暴力是每一个孕育着新社会的旧社会的助产婆。

马克思:《资本论》第1卷(1867年),见《马克思恩格斯文集》第5卷第861页。

被驱逐出巴黎
油画
罗尔纯

在政治上为了一定的目的，甚至可以同魔鬼结成同盟，只是必须肯定，是你领着魔鬼走而不是魔鬼领着你走。

马克思：《科苏特、马志尼和路易·拿破仑》（1852年11月16日），见《马克思恩格斯全集》第二版第11卷552页。

伟大友谊的开端
油画
何孔德

资产阶级抹去了一切向来受人尊崇和令人敬畏的职业的神圣光环。它把医生、律师、教士、诗人和学者变成了它出钱招雇的雇佣劳动者。

马克思和恩格斯：《共产党宣言》(1847年12月—1848年1月底)，见《马克思恩格斯文集》第2卷第34页。

在《新莱茵报》编辑部
版画
文国璋

最后,在阶级斗争接近决战的时期,统治阶级内部的、整个旧社会内部的瓦解过程,就达到非常强烈、非常尖锐的程度,甚至使得统治阶级中的一小部分人脱离统治阶级而归附于革命的阶级,即掌握着未来的阶级。所以,正像过去贵族中有一部分人转到资产阶级方面一样,现在资产阶级中也有一部分人,特别是已经提高到能从理论上认识整个历史运动的一部分资产阶级思想家,转到无产阶级方面来了。

马克思和恩格斯:《共产党宣言》(1847年12月—1848年1月底),见《马克思恩格斯文集》第2卷第41页。

在马克思墓前讲话
版画
蔡兵

  正像达尔文发现有机界的发展规律一样,马克思发现了人类历史的发展规律,……不仅如此。马克思还发现了现代资本主义生产方式和它所产生的资产阶级社会的特殊的运动规律。由于剩余价值的发现,这里就豁然开朗了,而先前无论资产阶级经济学家或者社会主义批评家所做的一切研究都只是在黑暗中摸索。

恩格斯:《在马克思墓前的讲话》(1883年3月18日前后),见《马克思恩格斯文集》第3卷第601页。

365

与欧洲各国社会主义者在一起
版画
汪晓曙

　　因此,如果要去探究那些隐藏在——自觉地或不自觉地,而且往往是不自觉地——历史人物的动机背后并且构成历史的真正的最后动力的动力,那么问题涉及的,与其说是个别人物,即使是非常杰出的人物的动机,不如说是使广大群众、使整个整个的民族,并且在每一民族中间又是使整个整个阶级行动起来的动机;而且也不是短暂的爆发和转瞬即逝的火光,而是持久的、引起重大历史变迁的行动。

恩格斯:《路德维希·费尔巴哈和德国古典哲学的终结》(1886年初),见《马克思恩格斯文集》第4卷第304页。

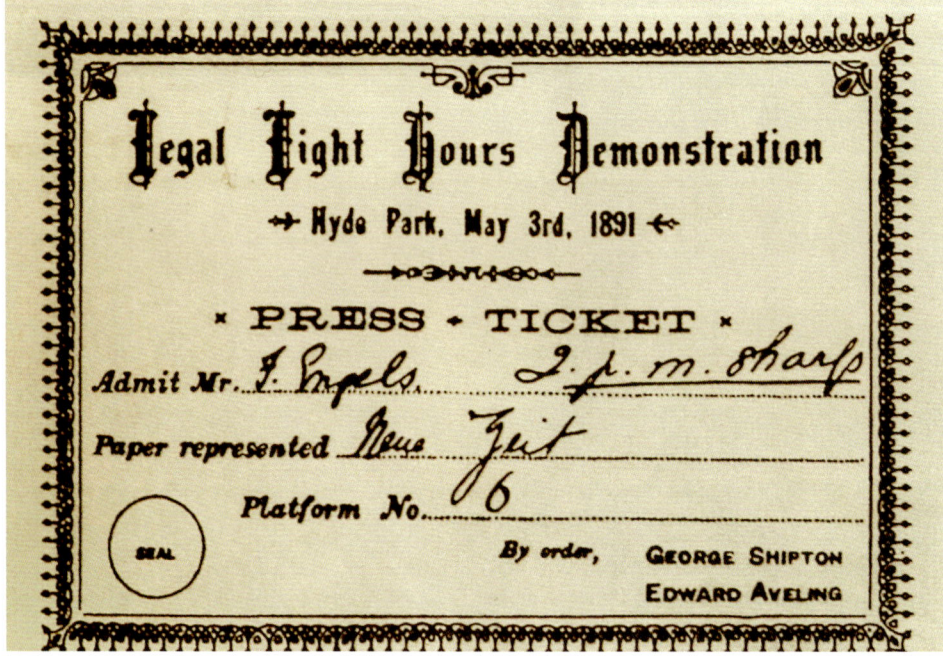

恩格斯在1891年5月3日伦敦海德公园举行示威游行集会时上讲台的记者证

历史是这样创造的：最终的结果总是从许多单个的意志的相互冲突中产生出来的，而其中每一个意志，又是由于许多特殊的生活条件，才成为它所成为的那样。这样就有无数互相交错的力量，有无数个力的平行四边形，由此就产生出一个合力，即历史结果，而这个结果又可以看做一个作为整体的、不自觉地和不自主地起着作用的力量的产物。

恩格斯：《致约瑟夫·布洛赫》（1890年9月21—22日），见《马克思恩格斯文集》第10卷第592页。

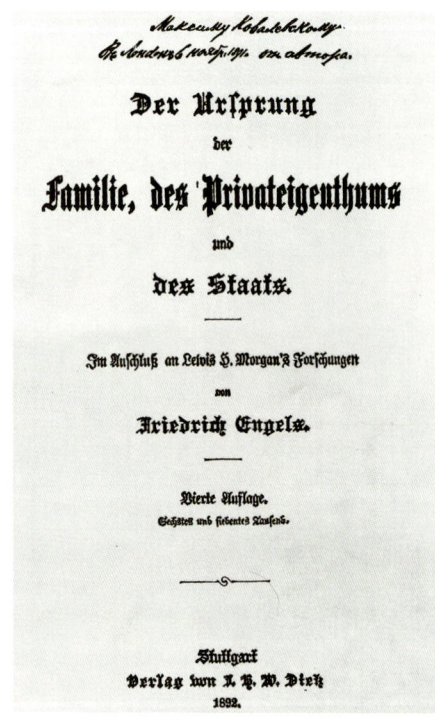

《家庭、私有制和国家的起源》1892年德文版，上有恩格斯留言

　　蒙昧时代是以获取现成的天然产物为主的时期；人工产品主要是用做获取天然产物的辅助工具。野蛮时代是学会畜牧和农耕的时期，是学会靠人的活动来增加天然产物生产的方法的时期。文明时代是学会对天然产物进一步加工的时期，是真正的工业和艺术的时期。

恩格斯：《家庭、私有制和国家的起源》（1884年3月底—5月底），见《马克思恩格斯文集》第4卷第38页。

371

恩格斯(摄于1877年)

文明国家的一个最微不足道的警察,都拥有比氏族社会的全部机构加在一起还要大的"权威";但是文明时代最有势力的王公和最伟大的国家要人或统帅,也可能要羡慕最平凡的氏族酋长所享有的,不是用强迫手段获得的,无可争辩的尊敬。

恩格斯:《家庭、私有制和国家的起源》(1884年3月底—5月底),见《马克思恩格斯文集》第4卷第191页。

373

投入政治斗争
油画
高莽

吃、喝、生殖等等，固然也是真正的人的机能。但是，如果加以抽象，使这些机能脱离人的其他活动领域并成为最后的和唯一的终极目的，那它们就是动物的机能。

马克思：《1844 年经济学哲学手稿》（1844 年 4—8 月），见《马克思恩格斯文集》第 1 卷第 160 页。

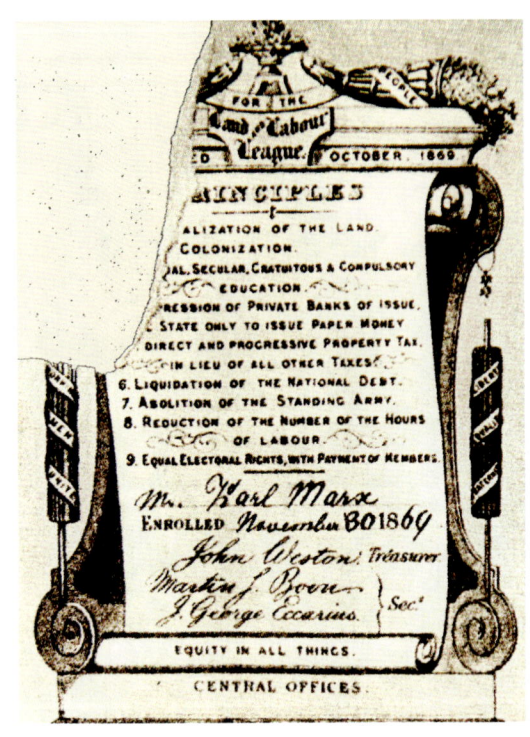

伦敦土地和劳动同盟发给马克思的盟员证

劳动这种生命活动、这种生产生活本身对人来说不过是满足一种需要即维持肉体生存的需要的一种手段。

马克思：《1844年经济学哲学手稿》（1844年4—8月），见《马克思恩格斯文集》第1卷第162页。

379

《资本论》在工人阶级中的传播
油画
吴宪生

需要是同满足需要的手段一同发展的,并且是依靠这些手段发展的。

马克思:《资本论》第1卷(1867年),见《马克思恩格斯文集》第5卷第585—586页。

在伦敦代表会议上
油画
李台还

问题只在于从事什么样的政治——唯有从事无产阶级的政治,而不要做资产阶级的尾巴。

恩格斯:《关于工人阶级的政治行动 1871 年 9 月 21 日在代表会议上的发言提纲》,见《马克思恩格斯全集》1963 年版第 17 卷 446 页。

恩格斯和化学家肖莱马
油画
高莽

　　集中在资本家手中的生产资料和除了自己的劳动力以外一无所有的生产者彻底分离了。社会化生产和资本主义占有之间的矛盾表现为无产阶级和资产阶级的对立。

恩格斯：《反杜林论》（1876年9月—1878年6月），见《马克思恩格斯文集》第9卷第288页。

385

马克思最亲密的战友
油画
高莽

　　市场的扩张赶不上生产的扩张。冲突成为不可避免的了,而且,因为它在把资本主义生产方式本身炸毁以前不能使矛盾得到解决,所以它就成为周期性的了。资本主义生产造成了新的"恶性循环"。

恩格斯:《反杜林论》(1876年9月—1878年6月),见《马克思恩格斯文集》第9卷第292页。

387

马克思和恩格斯探访病中的威廉·沃尔弗
版画
李习勤

　　一旦这一转化过程使旧社会在深度和广度上充分瓦解，一旦劳动者转化为无产者，他们的劳动条件转化为资本，一旦资本主义生产方式站稳脚跟，劳动的进一步社会化，土地和其他生产资料的进一步转化为社会地使用的即公共的生产资料，从而对私有者的进一步剥夺，就会采取新的形式。现在要剥夺的已经不再是独立经营的劳动者，而是剥削许多工人的资本家了。

马克思：《资本论》第1卷（1867年），见《马克思恩格斯文集》第5卷第873页。

389

交流《资本论》创作中的理论问题
版画
张奠宇

以个人自己劳动为基础的分散的私有制转化为资本主义私有制，同事实上已经以社会的生产经营为基础的资本主义所有制转化为社会所有制比较起来，自然是一个长久得多、艰苦得多、困难得多的过程。前者是少数掠夺者剥夺人民群众，后者是人民群众剥夺少数掠夺者。

马克思：《资本论》第1卷（1867年），见《马克思恩格斯文集》第5卷第874—875页。

"将军"
油画
高莽

　　现代资本主义生产方式所造成的生产力和由它创立的财富分配制度，已经和这种生产方式本身发生激烈的矛盾，而且矛盾达到了这种程度，以至于如果要避免整个现代社会毁灭，就必须使生产方式和分配方式发生一个会消除一切阶级差别的变革。

恩格斯：《反杜林论》（1876年9月—1878年6月），见《马克思恩格斯文集》第9卷第165页。

喜讯传来
中国画
甘正伦 王庆明

一旦资本主义生产方式站稳脚跟，劳动的进一步社会化，土地和其他生产资料的进一步转化，从而对私有者的进一步的剥夺，都会采取新的形式。"现在要剥夺的已经不再是独立经营的劳动者，而是剥削许多工人的资本家了。……"

恩格斯：《反杜林论》（1876 年 9 月—1878 年 6 月），见《马克思恩格斯文集》第 9 卷第 140 页。

马克思与数学
油画
高虹

我们的国际获得了一次巨大胜利。我们为巴黎罢工的铜器工人争取到了伦敦工联的金钱援助。

马克思:《马克思致恩格斯》(1867年4月2日),见《马克思恩格斯全集》第一版第31卷第284页。

在莱茵省第一次民主主义者代表大会上
油画
张红年

无论哪一个社会形态,在它所能容纳的全部生产力发挥出来以前,是决不会灭亡的;而新的更高的生产关系,在它的物质存在条件在旧社会的胎胞里成熟以前,是决不会出现的。

马克思:《〈政治经济学批判〉序言》(1859年1月),见《马克思恩格斯文集》第2卷第592页。

399

与政治流亡者在一起
油画
张红年

  这些战争也表明：贸易和掠夺一样，是以强权为基础的；人们只要认为哪些条约最有利，他们就甚至会昧着良心使用诡计或暴力强行订立这些条约。

恩格斯：《国民经济学批判大纲》（1843年9月底或10月初—1844年1月中），见《马克思恩格斯文集》第1卷第57页。

马克思和恩格斯在一起探讨理论问题
素描
茹科夫

  劳动场地变成了战场。伟大的地理发现以及随之而来的殖民地的开拓使销售市场扩大了许多倍,并且加速了手工业向工场手工业的转化。斗争不仅爆发于地方的各个生产者之间;地方性的斗争又发展为全国性的,发展为 17 世纪和 18 世纪的商业战争。

恩格斯:《社会主义从空想到科学的发展》(1880 年 1 月—3 月上半月),见《马克思恩格斯文集》第 3 卷第 553 页。

纪念柏林街垒战一周年宴会
素描
潘鸿海

　　一个想争取自身独立的民族，不应该仅限于用一般的作战方法。群众起义，革命战争，到处组织游击队——这才是小民族制胜大民族，不够强大的军队抵抗比较强大和组织良好的军队的唯一方法。

恩格斯：《皮蒙特军队的失败》（1849年3月30日—4月3日），见《马克思恩格斯全集》1965年版第6卷第461页。

恩格斯在普法尔茨前线
油画
杨太红

……在军事学术上也不能利用旧的手段去达到新的结果。只有创造新的、更有威力的手段，才能达到新的、更伟大的结果。

恩格斯：《1852年神圣同盟对法战争的可能性与展望》（1851年4月），见《马克思恩格斯全集》1959年版第7卷第565页。

无双的联盟:马克思和恩格斯
油画
高莽

在我看来,马克思的历史理论是任何坚定不移和始终一贯的革命策略的基本条件;为了找到这种策略,需要的只是把这一理论应用于本国的经济条件和政治条件。

恩格斯:《致维拉·伊万诺夫娜·查苏利奇》(1885年4月23日),见《马克思恩格斯文集》第10卷532页。

"一个自由的人"
中国画
韩国臻

一句话,暴力的胜利是以武器的生产为基础的,而武器的生产又是以整个生产为基础,因而是以"经济力量",以"经济状况",以可供暴力支配的物质手段为基础的。

恩格斯:《反杜林论》(1876年9月—1878年6月),见《马克思恩格斯文集》第9卷第173—174页。

公社原则永存
中国画
王为政

以往的一切社会形式和国家形式、一切传统观念,都被当作不合理性的东西扔到垃圾堆里去了……只是现在阳光才照射进来,理性的王国才开始出现。从今以后,迷信、非正义、特权和压迫,必将为永恒的真理,为永恒的正义,为基于自然的平等和不可剥夺的人权所取代。

恩格斯:《社会主义从空想到科学的发展》(1880年1月—3月上半月),见《马克思恩格斯全集》第二版第25卷第372页。

走访工人区
素描
茹科夫

  起义也正如战争或其他各种艺术一样,是一种艺术,它要遵守一定的规则,这些规则如果被忽视,那么忽视它们的政党就会遭到灭亡。……第一,不要玩弄起义,除非你有充分的准备应付你所玩弄的把戏的后果。……如果你不能集中强大的优势力量对付敌人,你就要被击溃和被消灭。第二,起义一旦开始,就必须以最大的决心行动起来并采取进攻。防御是任何武装起义的死路,它将使起义在和敌人较量以前就遭到毁灭。

恩格斯:《德国的革命和反革命》(1851年8月17日—1852年9月23日),见《马克思恩格斯文集》第2卷第446页。

抵达海牙
中国画
马振声

工人阶级的状况是当代一切社会运动的真正基础和出发点,因为它是我们目前社会一切灾难的最尖锐最露骨的表现。

恩格斯:《英国工人阶级状况》,见《马克思恩格斯全集》1957 年版第 2 卷 278 页。

探访亲密战友
中国画
谢志高

勇敢和必胜的信念常使战斗得以胜利结束。

恩格斯:《欧洲军队。——法国军队》(1855年6月底—9月),见《马克思恩格斯全集》1962年版第11卷第478页。

恩格斯

消极的防御,即使有良好的武器,也必败无疑。

恩格斯:《步枪史》(1860年10月底—1861年1月上半月),见《马克思恩格斯全集》1963年版第15卷第232页。

421

在海牙代表大会上
版画
周一清

同那个经济贫困和政治昏聩的旧社会相对立,正在诞生一个新社会,而这个新社会的国际原则将是和平……

马克思:《总委员会向在海牙举行的国际工人协会第五次年度代表大会的报告》(1872年8月底),见《马克思恩格斯全集》1964年版第18卷第145页。

一八八九年国际社会主义工人代表大会
油画
高虹

发动战争将不费吹灰之力。但是,一旦把战争发动起来,会有什么结果,却是不能预料的。……要知道,目前之所以还能维持住和平,只是由于军事技术发生不断的革命,这种革命使任何人都不能认为自己已对战争做好准备,同时还由于对世界战争中的胜负完全无法估计普遍感到恐惧,而世界战争是现在唯一可能发生的战争。

恩格斯:《今后怎样呢?》(1890年2月21日和3月1日之间),见《马克思恩格斯全集》1965年版第22卷第10页。

425

马克思走访工人理论家
油画
高莽

当英国终于决定打到北京,而法国也希望捞到一点好处而同英国联合起来的时候,俄国——尽管就在此时夺取了中国的一块大小等于法德两国加在一起的领土和一条同多瑙河一样长的河流——竟能以处于弱者地位的中国人的无私保护人身份出现,而且在缔结和约时俨然以调停者自居;……

恩格斯:《俄国在远东的成功》(1858年10月25日前后),见《马克思恩格斯文集》第2卷第650页。

427

伦敦受威胁最大的人
水粉画
陈衍宁

国际工人协会深知自己所负使命的伟大意义,它既不容许别人恫吓自己,也不容许离开正确的道路。今后,它的命运将同人类复兴所系的那个阶级的历史发展不可分割地联系在一起。

马克思:《国际工人协会总委员会第四年度报告》,见《马克思恩格斯全集》1964年版第16卷第365页。

429

在海牙代表大会上发言
中国画
徐乐乐

由于征服了中亚细亚和吞并了满洲，俄国使自己的领地增加了一块像除俄罗斯帝国外的整个欧洲那样大的地盘，并从冰天雪地的西伯利亚进入了温带。中亚细亚各河流域和黑龙江流域，很快就会住满俄国的移民。

恩格斯：《俄国在远东的成功》（1858年10月25日前后），见《马克思恩格斯文集》第2卷第653页。

博士俱乐部里的年轻人
水粉画
杨克山

东印度和中国的市场、美洲的殖民化、对殖民地的贸易、交换手段和一般商品的增加,使商业、航海业和工业空前高涨,因而使正在崩溃的封建社会内部的革命因素迅速发展。

马克思和恩格斯:《共产党宣言》(1847年12月—1848年1月底),见《马克思恩格斯文集》第2卷第32页。

433

想收买吗
中国画
盖茂森

信仰自由和宗教自由的思想,不过表明自由竞争在信仰领域里占统治地位罢了。

马克思和恩格斯:《共产党宣言》(1847年12月—1848年1月),见《马克思恩格斯文集》第2卷第51页。

马克思
素描
茹科夫

在中国,压抑着的、鸦片战争时燃起的仇英火种,爆发成了任何和平和友好的表示都未必能扑灭的愤怒烈火。

马克思:《英人在华的残暴行动》(1857年3月22日前后),见《马克思恩格斯文集》第2卷第621页。

437

走向新的战斗
油画
高莽

  广州城的无辜居民和安居乐业的商人惨遭屠杀,他们的住宅被炮火夷为平地,人权横遭侵犯,这一切都是在"中国人的挑衅行为危机英国人的生命和财产"这种站不住脚的借口下发生的!英国政府和英国人民——至少那些愿意弄清这个问题的人们——都知道这些非难是多么虚伪和空洞。

马克思:《英人在华的残暴行动》(1857年3月22日前后),见《马克思恩格斯文集》第2卷第620—621页。

在艰苦环境中从事研究
版画
陈祖煌

英国人在亚洲刚结束了一场战争,现在又开始进行另一场战争了。波斯人对英国侵略的抵抗和中国人迄今对英国侵略所进行的抵抗,形成了值得我们注意的对照。……在中国,这个世界上最古老国家的腐朽的半文明制度,则用自己的手段与欧洲人进行斗争。波斯被打得一败涂地,而绝望的、陷于半瓦解状态的中国,却找到了一种抵抗办法,这种办法实行起来,就不会再有第一次英国对华战争那种节节胜利的形势出现了。

恩格斯:《波斯和中国》(1857年5月20日前后),见《马克思恩格斯文集》第2卷第622页。

443

思考问题
版画
徐匡

现在,中国人的情绪与 1840—1842 年战争时的情绪已显然不同。那时人民保持平静,让皇帝的军队去同侵略者作战,失败之后,则抱着东方宿命论的态度屈从于敌人的暴力。但是现在,至少在迄今斗争所及的南方各省,民众积极地而且是狂热地参加反对外国人的斗争。

恩格斯:《波斯和中国》(1857 年 5 月 20 日前后),见《马克思恩格斯文集》第 2 卷第 625 页。

445

马克思在伦敦纪念波兰起义四周年大会上
中国画
聂鸥

我们不要像道貌岸然的英国报刊那样从道德方面指责中国人的可怕暴行,最好承认这是"保卫社稷和家园"的战争,这是一场维护中华民族生存的人民战争。

恩格斯:《波斯和中国》(1857年5月20日前后),见《马克思恩格斯文集》第2卷第626页。

星期日郊游
中国画
林墉

发动战争将不费吹灰之力。但是,一旦战争发动起来,会有什么结果,却不是能预料的。

恩格斯:《今后怎样呢?》(1890年2月21日和3月1日之间),见《马克思恩格斯全集》1965年版第22卷第10页。

449

会见宪章派领袖
中国画
朱理存

要保证国际和平,首先就必须消除一切可以避免的民族摩擦,每个民族都必须独立和当家作主,随着商业、农业和工业的发展,与此同时,随着资产阶级占据社会的优势地位,民族感情也就到处高涨起来,被分割和被压迫的民族纷纷要求统一和独立。

恩格斯:《暴力在历史中的作用》(1887年12月底—1888年3月下半月),见《马克思恩格斯全集》第二版第28卷第450—451页。

451

马克思在伦敦纪念波兰起义四周年大会上
版画
文国璋

谁也不能奴役一个民族而不受惩罚。

恩格斯:《支特波兰》(1875年3月24日),见《马克思恩格斯全集》1964年版第18卷第629页。

453

绝对命令——学习！
油画
尹戎生

没有你，我永远不能完成这部著作。坦白地向你说，我的良心经常象被梦魇压着一样感到沉重，因为你的卓越才能主要是为了我才浪费在经商上面，才让它们荒废，而且还要分担我的一切琐碎的忧患。

马克思：《致恩格斯》（1867年5月7日），见《马克思恩格斯全集》第一版第31卷301页。

与诗人聚会
油画
潘世勋

批判的武器当然不能代替武器的批判，物质力量只能用物质力量来摧毁；但是理论一经掌握群众，也会变成物质力量。

马克思：《〈黑格尔法哲学批判〉导言》（1843年10月中—12月中），见《马克思恩格斯文集》第1卷第11页。

马克思与数学
油画
高虹

剩余价值量(这在这里就是所谓"租部分",因为洛贝尔图斯把租理解为与利润和地租不同的一般东西)取决于直接的劳动,不取决于固定资本的损耗,也不取决于原料的价值,总之,不取决于不变资本的任何部分。

马克思:《政治经济学批判(1861—1863年手稿)》,见《马克思恩格斯全集》第二版第34卷58页。

在国际工人协会成立大会上
油画
高莽

  工人的一个成功因素就是他们的人数；但是只有当工人通过组织而联合起来并获得知识的指导时，人数才能起举足轻重的作用。

马克思：《国际工人协会成立宣言》（1864年10月21—27日），见《马克思恩格斯文集》第3卷第13—14页。

马克思与肖莱马一八六八年在伦敦
中国画
韩国臻

在我们这个模仿者的时代,有独创见解的思想家实在太少了;因此,如果有这样一个人,他不仅是有独创见解的思想家,而且在他自己的领域里具有无比渊博的学识,那他就应当加倍地受到赞许。

恩格斯:《卡尔·马克思》(1869年7月28日),见《马克思恩格斯全集》1964年版第16卷第413页。

在斗争中成长：批判魏特林的"平均共产主义"
油画
高莽

资产阶级抹去了一切向来受人尊崇和令人敬畏的职业的神圣光环。它把医生、律师、教士、诗人和学者变成了它出钱招雇的雇佣劳动者。

马克思和恩格斯：《共产党宣言》(1847年12月—1848年1月底)，见《马克思恩格斯文集》第2卷第34页。

465

1893年恩格斯在苏黎世第三次国际社会主义工人代表大会上
油画
何多苓

　　希望你们的努力将获得成功，能使大学生们意识到，从他们的行列中应该产生出脑力劳动无产阶级，它的使命是在即将来临的革命中同自己从事体力劳动的工人兄弟在一个队伍里肩并肩地发挥重要作用。

恩格斯：《致国际社会主义者大学生代表大会》（1893年12月19日），
见《马克思恩格斯文集》第4卷第446页。

467

恩格斯在海牙代表大会上发言
素描
茹科夫

妇女的解放,只有在妇女可以大量地、社会规模地参加生产,而家务劳动只占她们极少的工夫的时候,才有可能。而这只有依靠现代大工业才能办到,现代大工业不仅容许大量的妇女劳动,而且是真正要求这样的劳动,并且它还力求把私人的家务劳动逐渐溶化在公共的事业中。

恩格斯:《家庭、私有制和国家的起源》(1884年3月底—5月底),见《马克思恩格斯文集》第4卷第181页。

恩格斯 油画 高莽

如果技术教育能够一方面设法至少使那些具有生命力的普通工业部门的经营更加合理，另一方面又对儿童事先进行普及性的技术训练，使他们能够比较容易地转到其他工业部门，那么，技术教育也许就能够真正达到自己的目的。

恩格斯：《致敏娜·卡尔洛夫娜·哥尔布诺娃》（1880年8月5日），见《马克思恩格斯文集》第10卷第451页。

燕妮·冯·威斯特华伦（1814—1881）

  暂时的别离是有益的，因为经常的接触会显得单调，从而使事物间的差别消失。甚至宝塔在近处也显得不那么高，而日常生活琐事若接触密了就会过度地胀大。热情也是如此。……只要我们一为空间所分隔，我就立即明白，时间之于我的爱情正如阳光雨露之于植物——使其滋长。我对你的爱情，只要你远离我身边，就会显出它的本来面目，象巨人一样的面目。在这爱情上集中了我的所有精力和全部感情。

马克思：《致燕妮·马克思》（1856年6月21日），见《马克思恩格斯全集》1972年版第29卷第515页。

473

祝寿
中国画
陈光健

如果说只有以爱情为基础的婚姻才是合乎道德的,那么也只有继续保持爱情的婚姻才合乎道德。

恩格斯:《家庭、私有制和国家的起源》(1884年3月底—5月底),见《马克思恩格斯文集》第4卷第96页。

475

在《新莱茵报》编辑部
油画
高莽

从中世纪的农奴中产生了初期城市的城关市民;从这个市民等级中发展出最初的资产阶级分子。

马克思和恩格斯:《共产党宣言》(1847年12月—1848年1月底),见《马克思恩格斯文集》第2卷第32页。

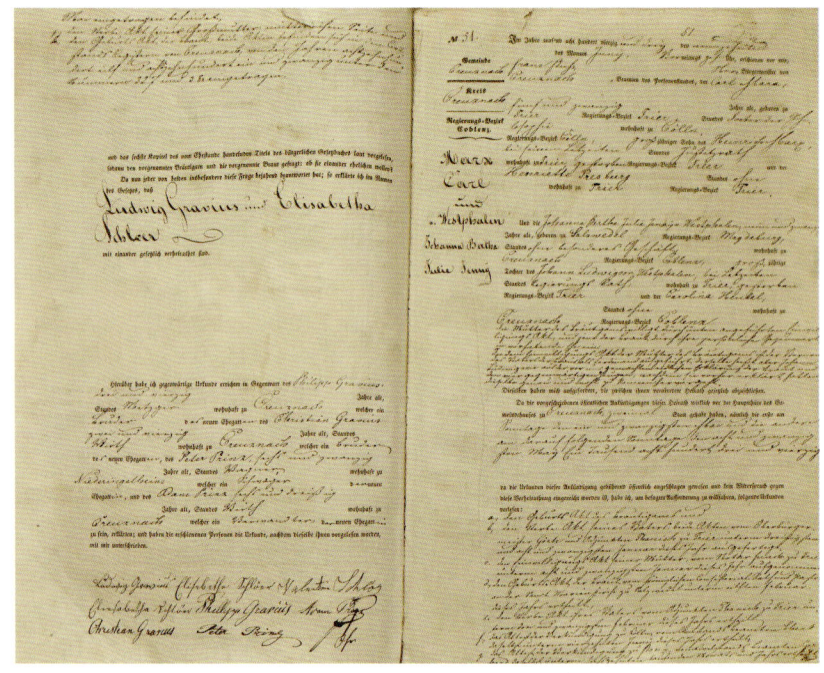

马克思和燕妮结婚的登记证明

> 如果婚姻不是家庭的基础,那末它就会像友谊一样,也不是立法的对象了。……谁也没有被强迫着去结婚的,但是任何人只要结了婚,那他就得服从婚姻法。

马克思:《论离婚法草案》(1842年12月18日),见《马克思恩格斯全集》1956年版第1卷第183页。

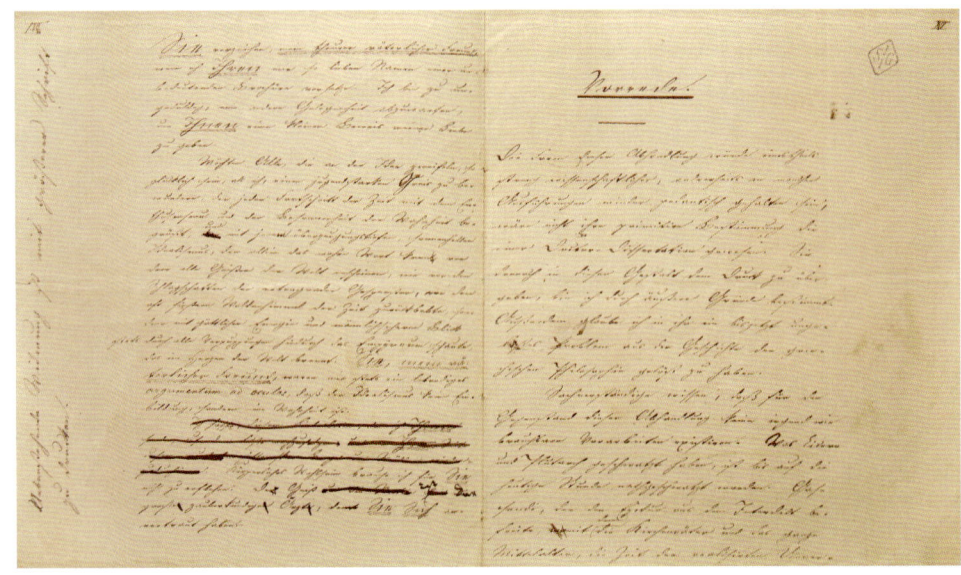

马克思博士论文手稿中的一页

作家当然必须挣钱才能生活，写作，但是他决不应该为了挣钱而生活，写作。

马克思：《第六届莱茵省议会的辩论（第一篇论文）》（1842年4月），见《马克思恩格斯全集》1956年版第1卷第87页。

481

检阅无产阶级的战斗力量——1890 年 5 月 4 日恩格斯参加伦敦第一次举行的五一节示威活动
水粉画
杨克山

住房短缺也是这样。现代大城市的扩展,使城内某些地区特别是市中心的地皮价值人为地、往往是大幅度地提高起来。原先建筑在这些地皮上的房屋,不但没有这样提高价值,反而降低了价值,因为这种房屋同改变了的环境已经不相称;它们被拆除,改建成别的房屋。

恩格斯:《论住宅问题》(*1872 年 5 月—1873 年 1 月*),见《马克思恩格斯文集》第 3 卷第 252 页。

在柏林火车站
油画
马常利

　　一个老的文明国家像这样从工场手工业和小生产向大工业过渡,并且这个过渡还由于情况极其顺利而加速的时期,多半也就是"住房短缺"的时期。一方面,大批农村工人突然被吸引到发展为工业中心的大城市里来;另一方面,这些老城市的布局已经不适合新的大工业的条件和与此相应的交通;街道在加宽,新的街道在开辟,铁路穿过市内。正当工人成群涌入城市的时候,工人住房却在大批拆除。于是就突然出现了工人以及以工人为主顾的小商人和小手工业者的住房短缺。

恩格斯:《〈论住宅问题〉1887年第二版序言》(1887年1月10日),
见《马克思恩格斯文集》第3卷第239页。

马克思和恩格斯动员德国工人回国
油画
邓澍

中国革命将把火星抛到现今工业体系这个火药装得足而又足的地雷上,把酝酿已久的普遍危机引爆,这个普遍危机一扩展到国外,紧接而来的将是欧洲大陆的政治革命。

马克思:《中国革命和欧洲革命》(1853年5月31日),见《马克思恩格斯文集》第2卷第612页。

恩格斯（摄于 1893 年）

　　如果说有什么是毋庸置疑的，那就是，我们的党和工人阶级只有在民主共和国这种形式下，才能取得统治。民主共和国是无产阶级专政的特殊形式……

恩格斯：《1891年社会民主党纲领草案批判》（1891 年 6 月 18 日—29 日之间），见《马克思恩格斯文集》第 4 卷第 415 页。

欢宴德国同志
中国画
王庆明 甘正伦

现在,我们暂且不谈俄国公社所遭遇的灾难,只来考察一下它的可能的发展。它的情况是独一无二的,在历史上没有先例。在整个欧洲,只有它是一个巨大的帝国内农村生活中占统治地位的组织形式。土地公有制赋予它以集体占有的自然基础,而它的历史环境(资本主义生产和它同时存在)又给予它以实现大规模组织起来的合作劳动的现成物质条件。

马克思:《给维·伊·查苏利奇的复信草稿——三稿》(1881年2月底—3月初),见《马克思恩格斯全集》2001年版第25卷第478—479页。

491

马克思于1835年8月写的中学毕业作文《青年在选择职业时的考虑》的第一页

    如果一个人只为自己劳动,他也许能够成为一个学者、伟大的哲人、卓越的诗人,然而他永远不能成为完美的、真正伟大的人物。

    历史把那些为共同目标工作因而自己变得高尚的人称为最伟大的人物;经验赞美那些为大多数人带来幸福的人是最幸福的人;……

马克思:《青年在选择职业时的考虑》,见《马克思恩格斯全集》第二版第1卷459页。

1844年秋马克思与恩格斯和巴黎社会主义者在一起
素描
茹科夫

　　古代的起点是城市及其狭小的领域，中世纪的起点则是乡村。……封建制度的发展是在一个宽广得多的、由罗马的征服以及起初就同征服联系在一起的农业的普及所准备好了的地域中开始的。

马克思和恩格斯：《德意志意识形态》（1845年秋—1846年5月），见《马克思恩格斯文集》第1卷第522页。

495

祝酒
素描
茹科夫

假如俄国想要遵照西欧各国的先例成为一个资本主义国家——它最近几年已经在这方面费了很大的精力,它不先把很大一部分农民变成无产者就达不到这个目的;而它一旦倒进资本主义制度的怀抱,它就会和尘世间的其他民族一样地受那些铁面无情的规律的支配。事情就是这样。

恩格斯:《〈论俄国的社会问题〉跋》(1894年1月上半月),见《马克思恩格斯文集》第4卷第463页。

497

马克思同工人们在一起
素描
茹科夫

没有崇高目的和社会需要的、同旧世界历次战争一样的另一次战争，其结果将不是粉碎奴隶的锁链，而是为自由的工人锻造新的镣铐。

马克思：《致合众国全国劳工同盟的公开信》，见《马克思恩格斯全集》1964年版第16卷第402页。

499

马克思在伦敦德意志工人教育协会上作报告
素描
茹科夫

  如果有谁会在北京拥有政治影响，那一定是俄国，俄国由于上一个条约得到了一块大小和法国相等的新领土，这块领土的边境大部分只和北京相距 800 英里。约翰牛自己通过进行第一次鸦片战争，使俄国得以签订一个使它有权沿黑龙江航行并在陆上边界自由贸易的条约；而通过进行第二次鸦片战争，又帮助俄国获得了鞑靼海峡和贝加尔湖之间价值无量的地域——这是俄国无限垂涎的一块地方，从沙皇阿列克谢·米哈伊洛维奇到尼古拉，一直都企图把它弄到手。

马克思：《中国和英国的条约》（1858 年 9 月 28 日），见《马克思恩格斯文集》第 2 卷第 647—648 页。

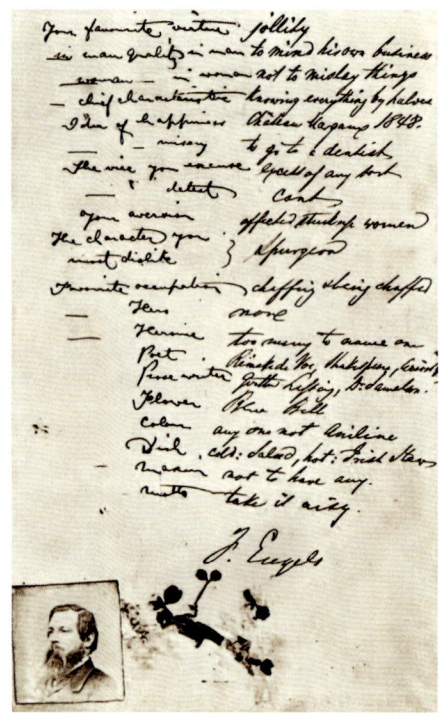

恩格斯的《自白》

  毫无疑问,现在在波斯尼亚、塞内维亚、黑山以及克里特岛上所发生的一切暴力和阴谋,都有俄国的代理人插手其中;……加紧分裂土耳其和对土耳其基督教臣民行使保护权,这就是俄国在战争肇始时所追求的目的;……

恩格斯:《俄国在远东的成功》(1858年10月25日前后),见《马克思恩格斯文集》第2卷第649页。

恩格斯

俄国正在迅速地成为亚洲的头等强国,它很快就会在这个大陆上压倒英国。由于征服了中亚细亚和吞并了满洲,俄国使自己的领地增加了一块像除俄罗斯帝国外的整个欧洲那样大的地盘,并从冰天雪地的西伯利亚进入了温带。中亚细亚各河流域和黑龙江流域,很快就会住满俄国的移民。

恩格斯:《俄国在远东的成功》(1858年10月25日前后),见《马克思恩格斯文集》第2卷第653页。

1893年7月29日恩格斯写的遗嘱手稿中的第一页

    我去世之前归我所有或由我支配的全部手稿（上面指出的卡尔·马克思的著作手稿除外）和全部信件（卡尔·马克思的上述私人信件除外），我遗赠给上述奥古斯特·倍倍尔和爱德华·伯恩施坦。

恩格斯：《里德里希·恩格斯的遗嘱及其补充恩格斯1893年7月29日的遗嘱》，见《马克思恩格斯全集》第一版第39卷第483页。

1895年7月23日恩格斯给劳拉的信,这是恩格斯最后一封亲笔信

这里的选举结果正象我说的那样,托利党赢得了很大的多数,自由党人无可挽回地被击败了,我希望他们彻底瓦解。

恩格斯:《致劳拉·拉法格》,见《马克思恩格斯全集》第一版第39卷第476页。

511

在阿让特伊
丙烯画
尚沪生

没有奴隶制,北美这个最进步的国家就会变成宗法式的国家。只要从世界地图上抹去北美,结果就会出现混乱状态,就会出现贸易和现代文明的彻底衰落。但是,让奴隶制消失,那就等于从世界地图上把美国抹去。

马克思:《致帕维尔·瓦西里耶维奇·安年科夫》(1846年12月28日),见《马克思恩格斯文集》第10卷第49页。

亲如一家人
版画
李以泰

同机器、信用等等一样，直接奴隶制是资产阶级工业的基础。没有奴隶制就没有棉花；没有棉花就没有现代工业。奴隶制使殖民地具有价值，殖民地产生了世界贸易，世界贸易是大工业的条件。可见，奴隶制是一个极重要的经济范畴。

马克思：《哲学的贫困》（1847年上半年），见《马克思恩格斯文集》第1卷第604页。

马克思与小外孙在一起
素描淡彩
裘沙

当前南部与北部之间的斗争不是别的,而是两种社会制度即奴隶制度与自由劳动制度之间的斗争。这个斗争之所以爆发,是因为这两种制度再也不能在北美大陆上一起和平相处。它只能以其中一个制度的胜利而结束。

马克思:《美国内战》(1861年10月底),见《马克思恩格斯全集》1863年版第15卷第365页。

马克思在工作中
素描
茹科夫

另一方面,美国南北战争的结果造成了巨额的国债以及随之而来的沉重的赋税,产生了最卑鄙的金融贵族,使极大一部分公有土地被分送给经营铁路、矿山等的投机家公司,——一句话,造成了最迅速的资本集中。

马克思:《资本论》第1卷(1867年),见《马克思恩格斯文集》第5卷第886页。

519

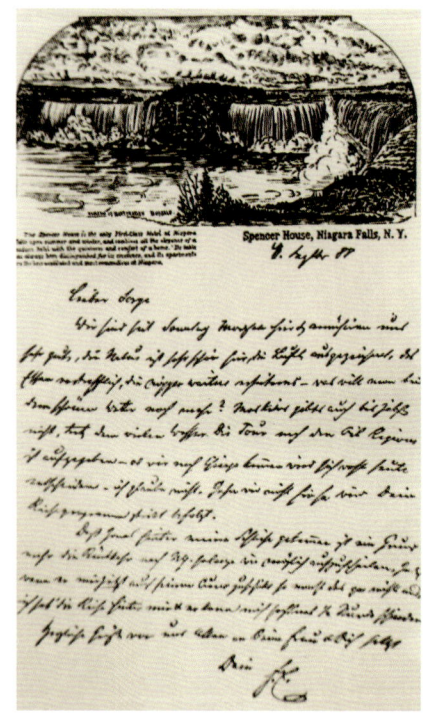

1888年9月4日恩格斯从尼亚加拉写给弗里德里希·阿道夫·左尔格的信

美国人早就向欧洲世界证明,资产阶级共和国就是资本主义生意人的共和国;在那里,政治同其他任何事情一样,只不过是一种买卖。

恩格斯:《致弗里德里希·阿道夫·左尔格》(1892年12月31日),见《马克思恩格斯文集》第10卷第641页。

521

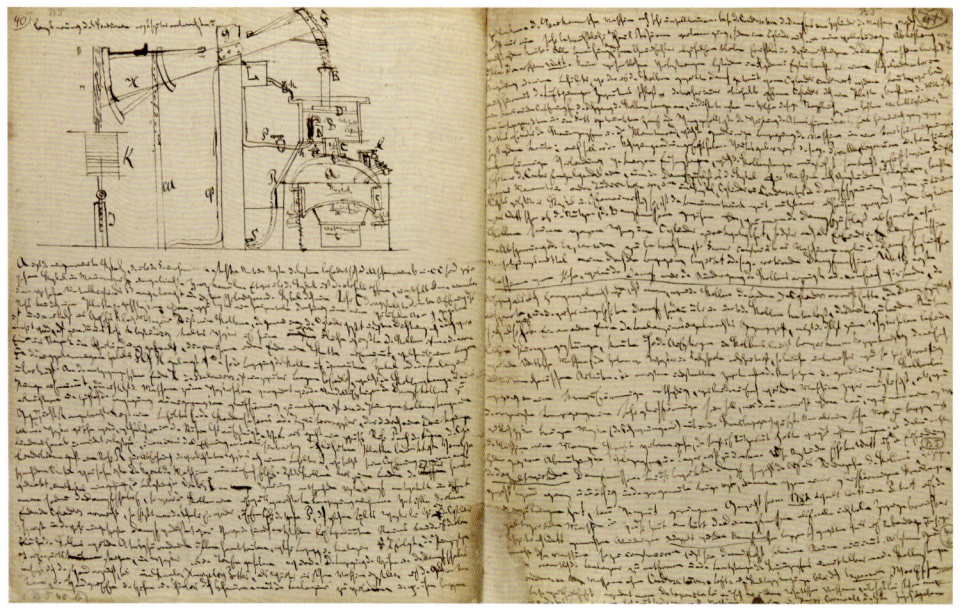

马克思《伦敦笔记》手稿

  不列颠人是第一批文明程度高于印度因而不受印度文明影响的征服者。他们破坏了本地的公社，摧毁了本地的工业，夷平了本地社会中伟大和崇高的一切，从而毁灭了印度的文明。

马克思：《不列颠在印度统治的未来结果》（1853 年 7 月 22 日），见《马克思恩格斯文集》第 2 卷第 686 页。

瞻望亚洲的曙光
油画
高莽

中国的连绵不断的起义已经延续了约十年之久,现在汇合成了一场惊心动魄的革命;不管引起这些起义的社会原因是什么,也不管这些原因是通过宗教的、王朝的还是民族的形式表现出来,推动了这次大爆发的毫无疑问是英国的大炮,英国用大炮强迫中国输入名叫鸦片的麻醉剂。

马克思:《中国革命和欧洲革命》,见《马克思恩格斯全集》第二版第12卷第114页。

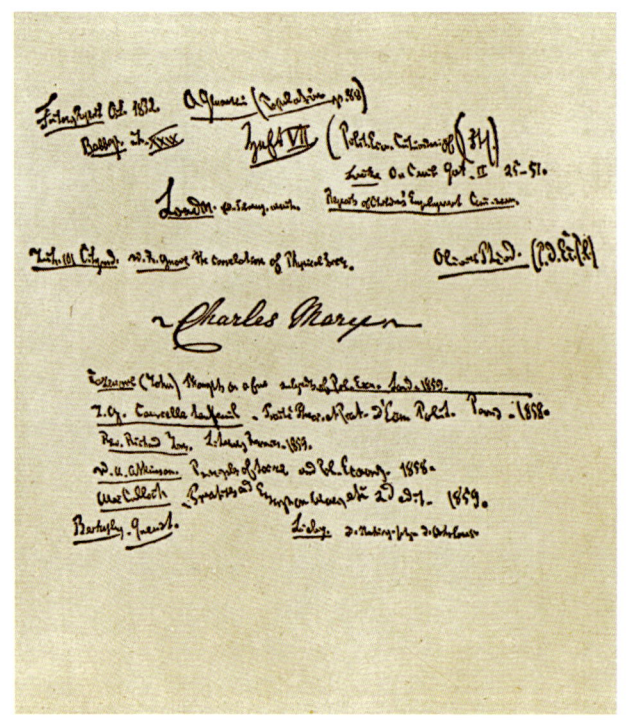

《政治经济学批判（1857—1858年草稿）》第 VII 笔记本封里

　　自从英国人在中国采取军事行动的第一个消息传来以后，英国政府报纸和一部分美国报刊就连篇累牍地对中国人进行了大量的斥责，大肆攻击中国人违背条约的义务、侮辱英国的国旗、羞辱旅居中国的外国人，如此等等。

马克思：《英人在华的残暴行动》（1857年3月22日前后），见《马克思恩格斯文集》第2卷第619页。

马克思关注中国
版画
李焕民

至于中国市场,所有的报告书都一致指出,那里急于出售,不愿买进,金银都被窖藏起来;而且在这个巨大帝国的革命运动实现自己的目标之前,这种状况决不会有任何改变。

马克思:《政治动态。——欧洲缺粮》,见《马克思恩格斯全集》第二版第12卷第353页。

马克思关注中国革命
版画
汪晓曙

  这个新的王朝害怕外国人会支持一大部分中国人在中国被鞑靼人征服以后大约最初半个世纪里所怀抱的不满情绪。出于此种考虑,它那时禁止外国人同中国人有任何来往,要来往只有通过离北京和产茶区很远的一个城市广州。外国人要做生意,只限同领有政府特许执照从事外贸的行商进行交易。

马克思:《中国革命和欧洲革命》(1853 年 5 月 31 日前后),见《马克思恩格斯文集》第 2 卷第 613 页。

1937年延安解放社出版的《马克思恩格斯论中国》

　　虽然中国的社会主义跟欧洲的社会主义像中国哲学跟黑格尔哲学一样具有共同之点，但是，有一点仍然是令人欣慰的，即世界上最古老最巩固的帝国8年来在英国资产者的大批印花布的影响之下已经处于社会变革的前夕，而这次变革必将给这个国家的文明带来极其重要的结果。

马克思和恩格斯：《国际述评（一）》（1850年1月31日—2月），见《马克思恩格斯文集》1959年版第7卷第265页。

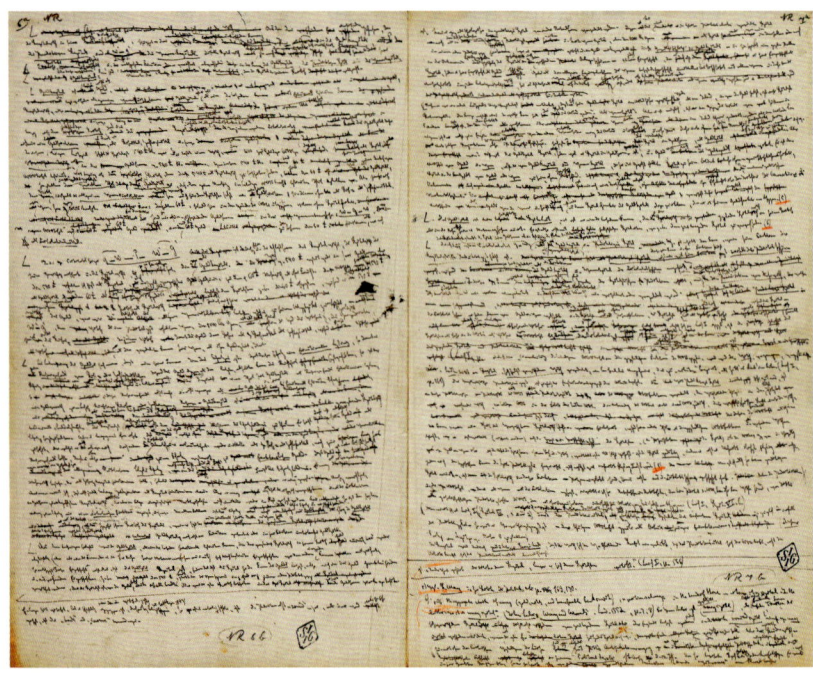

马克思《资本论》第二卷手稿

  火药、指南针、印刷术——这是预告资产阶级社会到来的三大发明。火药把骑士阶层炸得粉碎,指南针打开了世界市场并建立了殖民地,而印刷术则变成新教的工具,总的来说变成科学复兴的手段,变成对精神发展创造必要前提的最强大的杠杆。

马克思:《〈政治经济学批判(1861—1863年手稿)〉摘选》(1861年8月—
1863年7月),见《马克思恩格斯文集》第8卷第338页。

535

商行练习生的业余生活
油画
鸥洋

共产主义不是教义,而是运动。它不是从原则出发,而是从事实出发。共产主义者不是把某种哲学作为前提,而是把迄今为止的全部历史,特别是这一历史目前在文明各国造成的实际结果作为前提。

恩格斯:《共产主义者和卡尔·海因岑》(1847年9月27日前和10月3日),见《马克思恩格斯文集》第1卷第672页。

537

马克思写的《共产党宣言》第三章计划草稿

这样就产生了封建的社会主义,半是挽歌,半是谤文,半是过去的回音,半是未来的恫吓;它有时也能用辛辣、俏皮而尖刻的评论刺中资产阶级的心,但是它由于完全不能理解现代历史的进程而总是令人感到可笑。

马克思和恩格斯:《共产党宣言》(1847年12月—1848年1月底),见《马克思恩格斯文集》第2卷第54—55页。

539

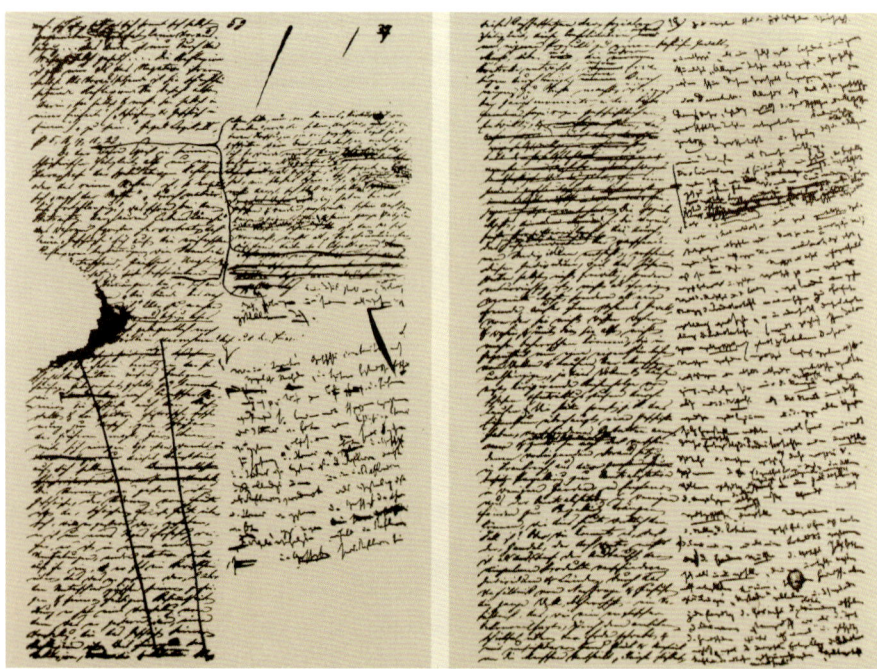

马克思和恩格斯《德意志意识形态》手稿

共产主义对我们来说不是应当确立的状况,不是现实应当与之相适应的理想。我们所称为共产主义的是那种消灭现存状况的现实的运动。这个运动的条件是由现有的前提产生的。

马克思和恩格斯:《德意志意识形态》(1845年秋—1846年5月),见《马克思恩格斯文集》第1卷第539页。

19世纪40年代中期的恩格斯

在所有的文明国家,民主主义的必然结果都是无产阶级的政治统治,而无产阶级的政治统治又是实行一切共产主义措施的首要前提。

恩格斯:《共产主义者和卡尔·海因岑》(1847年9月27日前和10月3日),见《马克思恩格斯文集》第1卷第666页。

543

写作《哥达纲领批判》
中国画
鸥洋 杨之光

在资本主义社会和共产主义社会之间，有一个从前者变为后者的革命转变时期。同这个时期相适应的也有一个政治上的过渡时期，这个时期的国家只能是无产阶级的革命专政。

马克思：《哥达纲领批判》（1875年4月底—5月7日），见《马克思恩格斯文集》第3卷第445页。

坚决站在"冲天的巴黎人"一边
中国画
张文新

　　表面上高高凌驾于社会之上的国家政权，实际上正是这个社会最丑恶的东西，正是这个社会一切腐败事物的温床。

马克思：《法兰西内战》（1871年5月30日），见《马克思恩格斯文集》第3卷第154页。

547

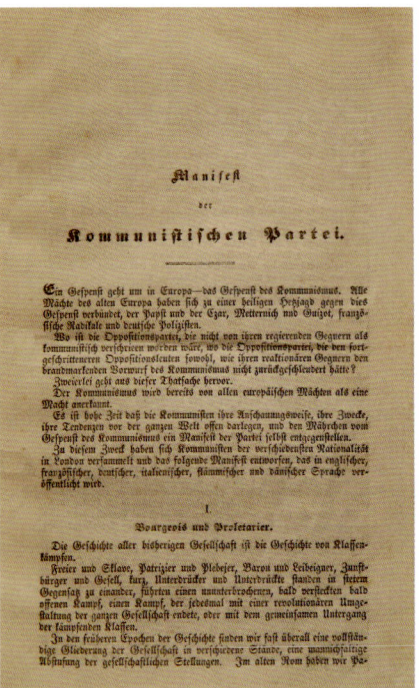

《共产党宣言》1848年德文第一版的第一页

无产阶级将利用自己的政治统治,一步一步地夺取资产阶级的全部资本,把一切生产工具集中在国家即组织成为统治阶级的无产阶级手里,并且尽可能快地增加生产力的总量。

马克思和恩格斯:《共产党宣言》(1847年12月—1848年1月),见《马克思恩格斯文集》第2卷第52页。

1853年出版的马克思《揭露科隆共产党人案件》一书

但是,既然同盟的最终目的是推翻社会,那么它的手段必然是政治革命,而推翻社会包含有推翻普鲁士国家的意思,就像地震包含有破坏鸡窝的意思一样。

马克思:《揭露科伦共产党人案件》(1852年10月25日—12月6日),
见《马克思恩格斯全集》第二版第2卷第482页。

551

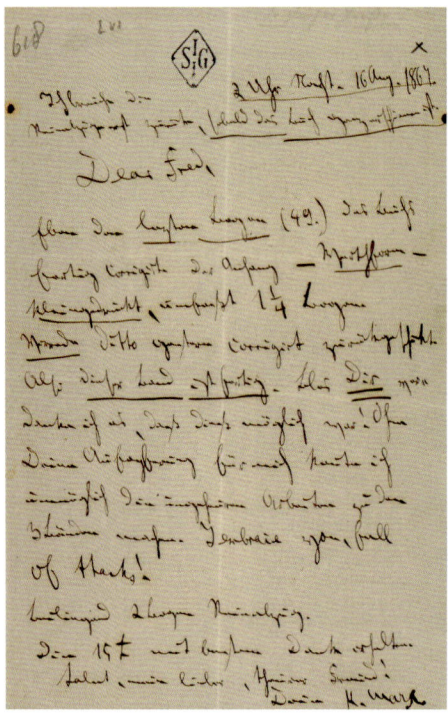

1867年8月16日马克思写信告诉恩格斯《资本论》校样稿已经完成

最文明的民族也同最不开化的野蛮人一样,必须先保证自己有食物,然后才能考虑去获取别的东西;财富的增长和文明的进步,通常都与生产食品所需要的劳动和费用的减少成相等的比例。

马克思:《政治动态。——欧洲缺粮》,见《马克思恩格斯全集》第二版第 12 卷第 354 页。

马克思夫人燕妮

  在一个集体的、以生产资料公有为基础的社会中，生产者不交换自己的产品；用在产品上的劳动，在这里也不表现为这些产品的价值，不表现为这些产品所具有的某种物的属性，因为这时，同资本主义社会相反，个人的劳动不再经过迂回曲折的道路，而是直接作为总劳动的组成部分存在着。

马克思：《哥达纲领批判》（1875 年 4 月底—5 月 7 日），见《马克思恩格斯文集》第 3 卷第 433—434 页。

555

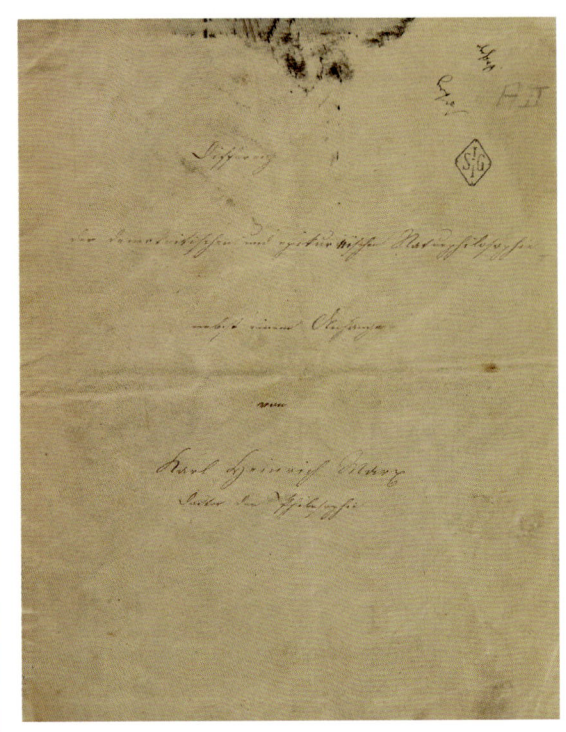

马克思的博士论文《德谟克利特的自然哲学和伊壁鸠鲁的自然哲学的差别》封面

在共产主义社会里,没有单纯的画家,只有把绘画作为自己多种活动中的一项活动的人们。

马克思和恩格斯:《德意志意识形态》(1845年秋—1846年5月),见《马克思恩格斯全集》1960年版第3卷第460页。

1846年创建共产主义通讯委员会
油画
高莽

个人的全面发展，只有到了外部世界对个人才能的实际发展所起的推动作用为个人本身所驾驭的时候，才不再是理想、职责等等，这也正是共产主义者所向往的。

马克思和恩格斯：《德意志意识形态》（1845年秋—1846年5月），见《马克思恩格斯全集》1960年版第3卷第330页。

马克思一家与恩格斯在布鲁塞尔
版画
李飙

代替那存在着阶级和阶级对立的资产阶级旧社会的,将是这样一个联合体,在那里,每个人的自由发展是一切人的自由发展的条件。

马克思和恩格斯:《共产党宣言》(1847年12月—1848年1月底),见《马克思恩格斯文集》第2卷第53页。

访问爱尔兰
油画
张红年

通过社会化生产,不仅可能保证一切社会成员有富足的和一天比一天充裕的物质生活,而且还可能保证他们的体力和智力获得充分的自由的发展和运用,这种可能性现在第一次出现了,但它确实是出现了。

恩格斯:《反杜林论》(1876年9月—1878年6月),见《马克思恩格斯文集》第9卷第299页。

1847年12月马克思为工人们作关于工资、资本、雇佣劳动的演讲
油画
高莽

　　人们在发展其生产力时,即在生活时,也发展着一定的相互关系;这些关系的形式必然随着这些生产力的改变和发展而改变。

马克思:《致帕维尔·瓦西里耶维奇·安年科夫》(1846年12月28日),见《马克思恩格斯文集》第10卷第47页。

565

马克思、恩格斯和英国工人在一起
油画
高莽

只有在没有阶级和阶级对抗的情况下,社会进化将不再是政治革命。

马克思:《哲学的贫困》(1847年上半年),见《马克思恩格斯文集》第1卷第655页。

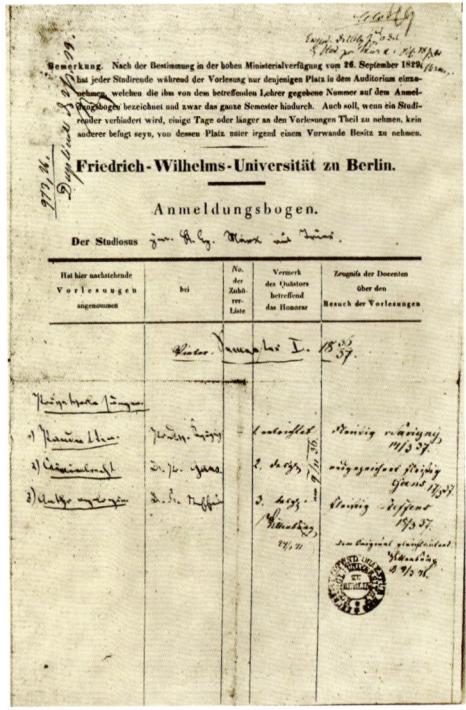

马克思在柏林大学的听课证

人对人的剥削一消灭,民族对民族的剥削就会随之消灭。民族内部的阶级对立一消失,民族之间的敌对关系就会随之消失。

马克思和恩格斯:《共产党宣言》(1847年12月—1848年1月底),见《马克思恩格斯文集》第2卷第50页。

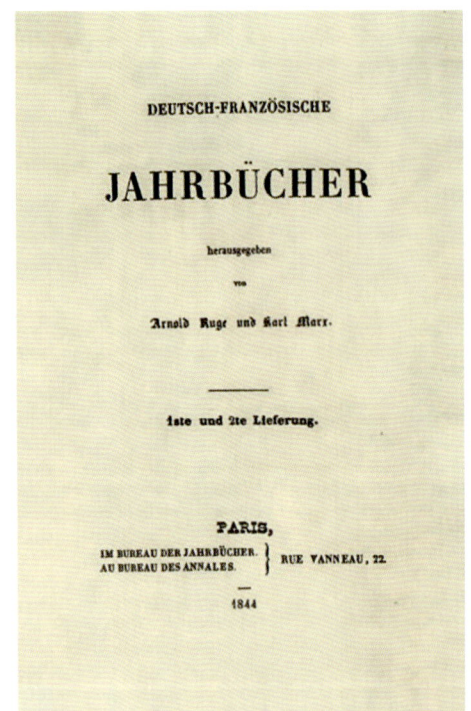

1844 年巴黎出版的《德法年鉴》

理论只要说服人，就能掌握群众；而理论只要彻底，就能说服人。所谓彻底，就是抓住事物的根本。而人的根本就是人本身。

马克思：《〈黑格尔法哲学批判〉导言》（1843 年 10 月中—12 月中），见《马克思恩格斯文集》第 1 卷第 11 页。

痛失亲人（恩格斯夫人离开人世）
中国画
王为政

人类数量增多到必须为其增长规定一个限度的这种抽象可能性当然是存在的。但是，如果说共产主义社会在将来某个时候不得不像已经对物的生产进行调节那样，同时也对人的生产进行调节，那么正是这个社会，而且只有这个社会才能无困难地做到这点。

恩格斯：《致卡尔·考茨基》（1881年2月1日），见《马克思恩格斯文集》第10卷第455页。

575

恩格斯的童年
中国画
高莽

  第一个措施是由国家出资对一切儿童毫无例外地实行普遍教育,这种教育对任何人都是一样,一直进行到能够作为社会的独立成员的年龄为止。……显而易见,社会成员中受过教育的人会比愚昧无知的没有文化的人给社会带来更多的好处。

恩格斯:《在爱北斐特的演说》(1845年2月8日),见《马克思恩格斯全集》1957年版第2卷第614页。

577

1845年恩格斯与马克思在布鲁塞尔重逢
版画
汪晓曙

  统治阶级的思想在每一时代都是占统治地位的思想。这就是说,一个阶级是社会上占统治地位的物质力量,同时也是社会上占统治地位的精神力量。支配着物质生产资料的阶级,同时也支配着精神生产资料,因此,那些没有精神生产资料的人的思想,一般地是隶属于这个阶级的。

马克思和恩格斯:《德意志意识形态》(1845年秋—1846年6月),见《马克思恩格斯文集》第1卷第550页。

恩格斯自画像

在那些确实实现了各种权力分立的国家中,司法权与行政权彼此是完全独立的。在法国、英国和美国就是这样的,这两种权力的混合势必导致无法解决的混乱;这种混合的必然结果就是让人一身兼任警察局长、侦查员和审判官。但是司法权是国民的直接所有物,国民通过自己的陪审员来实现这一权力,这一点不仅从原则本身,而且从历史上来看都是早已证明了的。

恩格斯:《〈刑法报〉停刊》(1842年6月25日),见《马克思恩格斯全集》1982年版第41卷第321页。

1891年亨利希·肖伊作的恩格斯版画像,肖像下方摘引了恩格斯的话

……最终目标是工人阶级夺取政权,使整个社会直接占有一切生产资料——土地、铁路、矿山、机器等等,让它们供全体成员共同使用,并为了全体成员的利益而共同使用。

恩格斯:《美国工人运动》(1887年1月26日),见《马克思恩格斯文集》第4卷第319页。

1893年恩格斯在苏黎世同参加第三次国际社会主义工人代表大会相关人员合影

国际联合只能存在于国家之间,因而这些国家的存在,它们在内部事务上的自由和独立,也就包括在国际主义这一概念本身之中。

恩格斯:《致劳拉·拉法格》(1893年6月20日),见《马克思恩格斯全集》1974年版第39卷第84页。

"伦敦的头号军事权威"
中国画
李子候

只要波兰还被分割，还受压迫，那么，不仅在国内不可能形成强大的社会主义政党，而且德国和其他国家的无产阶级政党也不可能同除流亡者以外的任何波兰人进行真正的国际交往。

恩格斯：《致卡尔·考茨基》（1882年2月7日），见《马克思恩格斯文集》第10卷第472页。

马克思通过一位德国商人转达自己对公社的建议
水粉画
汤小铭

  每一个国家的国际工人协会支部都应当号召工人阶级行动起来。如果工人们忘记自己的职责,如果他们采取消极态度,那么现在这场可怕的战争就只不过是将来的更可怕的国际战争的序幕,并且会在每一国家内使刀剑、土地和资本的主人又一次获得对工人的胜利。

马克思:《国际工人协会总委员会关于普法战争的第二篇宣言》(1870年9月6—9日),见《马克思恩格斯文集》第3卷第128页。

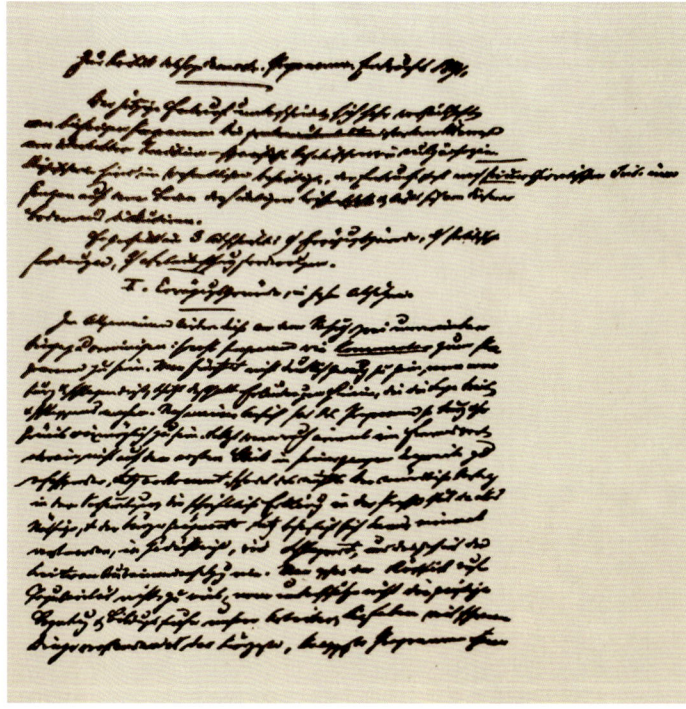

恩格斯《1891年社会民主党纲领草案批判》手稿的开头部分

联邦制共和国一般说来现在还是美国广大地区所必需的,虽然在它的东部已经成为障碍。

恩格斯:《1891年社会民主党纲领草案批判》(1891年6月18—29日),见《马克思恩格斯文集》第4卷第415页。

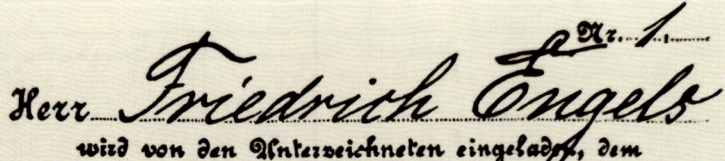

1892年邀请恩格斯参加匈牙利社会民主党代表大会的请柬

只要政权掌握在有产阶级手中，那么任何国有化都不是消灭剥削，而只是改变其形式；法兰西、美利坚和瑞士等共和国，同君主制的中欧和专制制度的东欧相比，情况并没有丝毫差别。

恩格斯：《致麦克斯·奥本海姆》（1891年3月24日），见《马克思恩格斯文集》第10卷第607页。

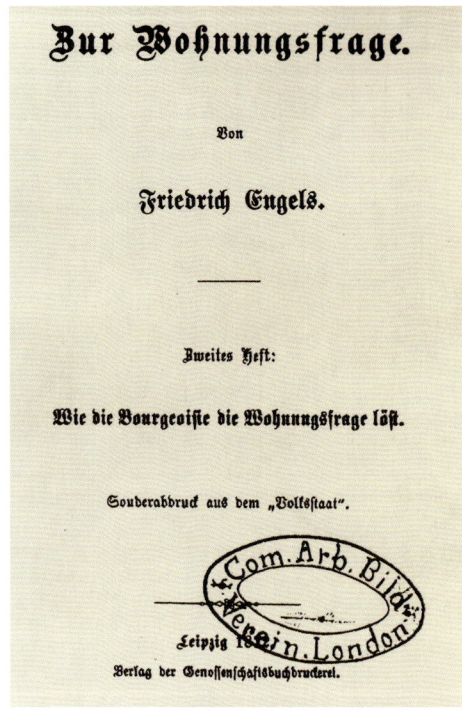

1872年莱比锡出版的恩格斯《论住宅问题》

结果工人从市中心被排挤到市郊；工人住房以及一般较小的住房都变得又少又贵，而且往往根本找不到，因为在这种情形下，建造昂贵住房为建筑业提供了更有利得多的投机场所，而建造工人住房只是一种例外。

恩格斯：《论住宅问题》（1872年5月—1873年1月），见《马克思恩格斯文集》第3卷第252页。

595

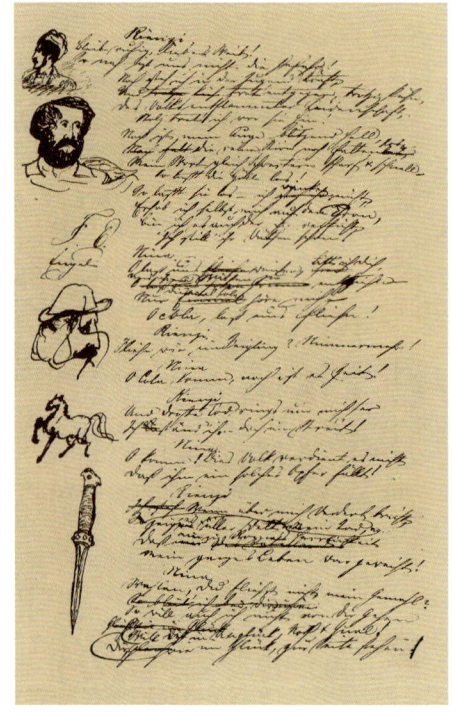

恩格斯在手稿上作的漫画

　　一方面,我们听到这样的要求:每个工人都有自己的、归他所有的住房,好使我们不再比野蛮人还低下。另一方面,我们又听到这样的说法:实际上发生的房屋原先的成本价格以房租形式得到两倍、三倍、五倍或十倍偿还的情况,是以某种权利根据为依据的,而这种权利根据是与"永恒公平"相抵触的。

恩格斯:《论住宅问题》(1872年5月—1873年1月),见《马克思恩格斯文集》第3卷第260页。

597

探访亲密战友
中国画
谢志高

　　住宅问题，只有当社会已经得到充分改造，从而可能着手消灭在现代资本主义社会里已达到极其尖锐程度的城乡对立时，才能获得解决。

恩格斯：《论住宅问题》（1872年5月—1873年1月），见《马克思恩格斯文集》第3卷第283页。

599

恩格斯（摄于1861年）

劳动组合是一种自发产生的，因而还很不发达的合作社形式，并且也不是纯俄罗斯或纯斯拉夫的合作社形式。在凡是需要的地方，都建有这种合作社；……这种形式在俄国占有优势当然证明俄国人民有着强烈的联合愿望，但这还远不能证明他们靠这种愿望就能够从劳动组合直接跳入社会主义的社会制度。

恩格斯：《流亡者文献》（1874年5月—1875年4月），见《马克思恩格斯文集》第3卷第395页。

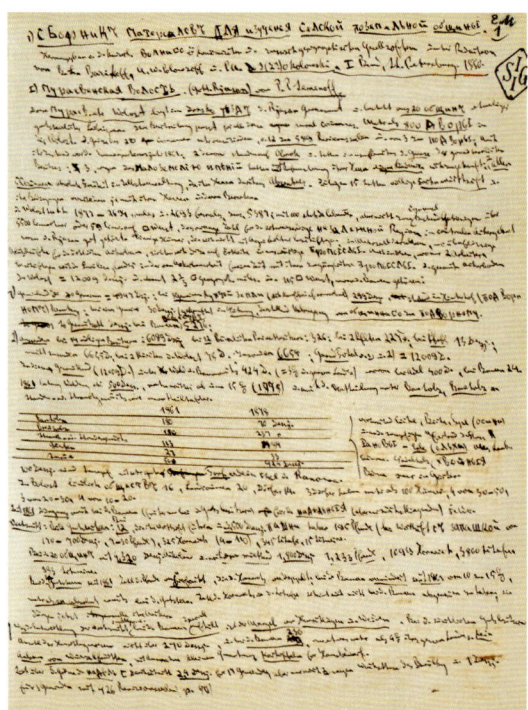

1881年马克思写的《我的藏书中的俄国书籍》

　　俄国是在全国广大范围内把公社所有制保存下来的欧洲惟一的国家，但同时又生存在现代的历史环境中，同较高的文化同时存在，和资本主义生产所统治的世界市场联系在一起。俄国吸取这种生产方式的积极成果，就有可能发展并改造它的农村公社的古代形式，而不必加以破坏（我顺便指出，俄国的共产主义所有制形式是古代类型的最现代的形式，而后者又经历过一系列的进化）。

马克思：《给维·伊·查苏利奇的复信草稿——二稿》（1881年2月底—3月初），见《马克思恩格斯全集》2001年版第19卷第444页。

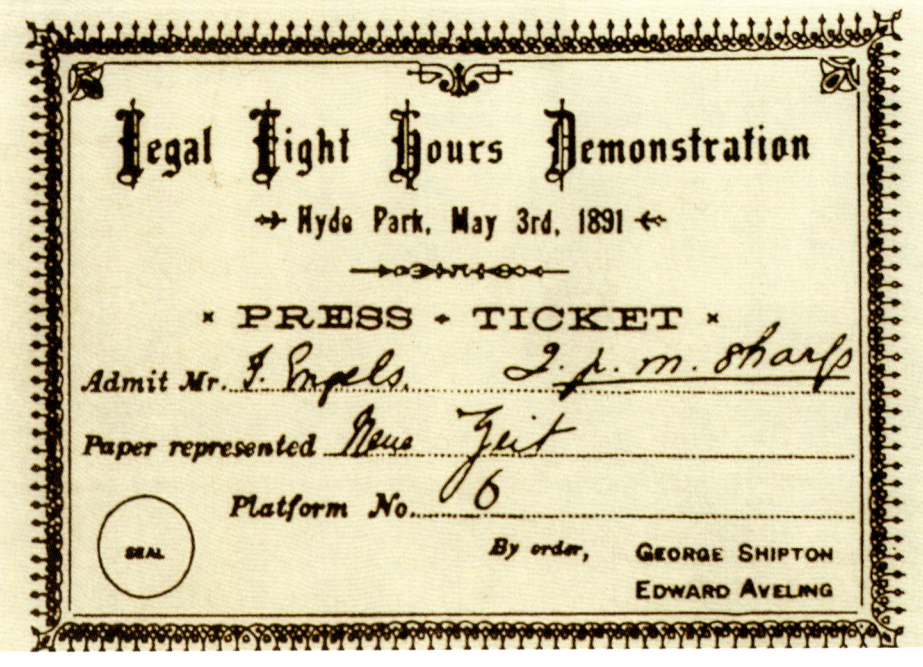

1891年5月3日恩格斯在伦敦海德公园举行示威游行集会时上讲台的记者证

为了在国内实行专制统治,沙皇政府在国外应该是绝对不可战胜的;它必须不断地赢得胜利,它应该善于用沙文主义的胜利狂热,用不断征服新的地方来奖赏自己臣民的无条件的忠顺。

恩格斯:《俄国沙皇政府的对外政策》(1889年12月23日前—1890年2月底),见《马克思恩格斯文集》第4卷第381页。

605

恩格斯《自然辩证法》手稿中的一页

文艺复兴,……这是人类以往从来没有经历过的一次最伟大的、进步的变革……

恩格斯:《自然辩证法》(1873—1883年),见《马克思恩格斯文集》第9卷第408—409页。

607

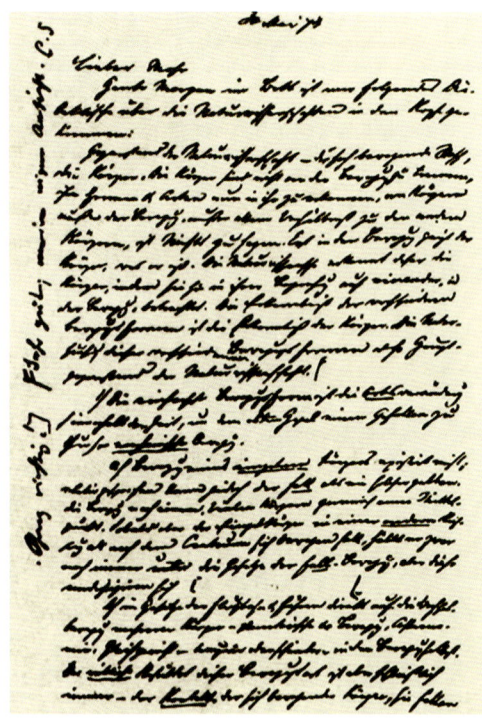

1873年5月30日恩格斯写给马克思关于《自然辩证法》构思的信

　　只有一种有计划地生产和分配的自觉的社会生产组织，才能在社会方面把人从其余的动物中提升出来，正像一般生产曾经在物种方面把人从其余的动物中提升出来一样。历史的发展使这种社会生产组织日益成为必要，也日益成为可能。

恩格斯：《自然辩证法》（1873—1882年），见《马克思恩格斯文集》第9卷第422页。

609

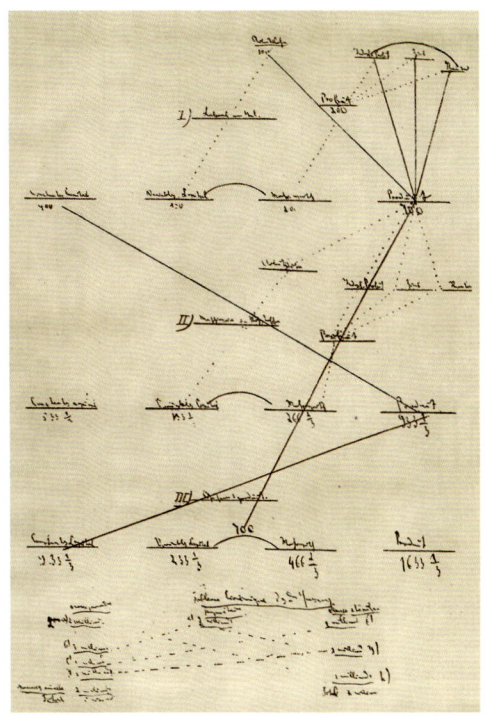

1863年7月马克思写给恩格斯信中所附的《资本论》中有关再生产过程的图表

奴隶主买一个劳动者就像买一匹马一样。他失去奴隶，就是失去一笔资本，必须再花一笔钱到奴隶市场上去买，才能得到弥补。但是，……我们看到，那里的奴隶阶级饮食最坏，劳动最累最重，甚至每年都有一大批人直接由于劳动过渡、睡眠和休息不足等慢性折磨而丧命。

马克思：《资本论》第1卷（1867年），见《马克思恩格斯文集》第5卷第307—308页。

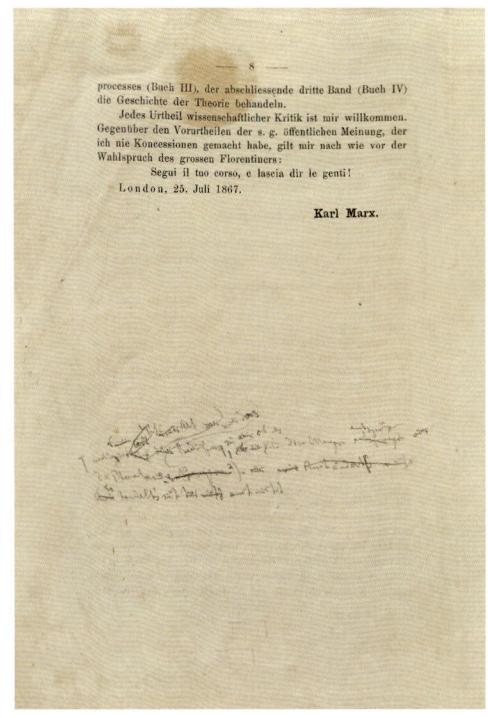

马克思在《资本论》第一卷 1872 年德文版上作的批注

在雇佣劳动不受旧行会制度等残余的束缚而得到最自由发展的北美,这种变动性,对劳动的特定内容和从一个部门转移到另一个部门所持的完全无所谓的态度,也表现得特别明显。因此,一切美国著作家也都把这种变动性与奴隶劳动的单调的、传统的性质的对立,强调为北方自由雇佣劳动不同于南方奴隶劳动的最大特征……

马克思:《资本论(1863—1865 年手稿)》(摘选)(1863—1865 年底),见《马克思恩格斯文集》第 8 卷第 515 页。

613

"经济革命之后必定会发生政治革命"
版画
张怀江

奴隶市场本身是靠战争、海上掠夺等等才不断得到劳动力这一商品的,而这种掠夺又不是以流通过程作为中介,而是要通过直接的肉体强制,对他人的劳动力实行实物占有。

马克思:《资本论》第 2 卷(1885 年),见《马克思恩格斯全集》第 24 卷第 539 页。

615

逼债
油画
朱乃正

在资本主义生产占统治地位的国家，只有美国是金和银的生产者。欧洲各资本主义国家几乎所有的金以及绝大部分银都是从澳大利亚、美国、墨西哥、南美和俄国得到的。

马克思：《资本论》第2卷（1885年），见《马克思恩格斯文集》第6卷第527页。

617

1893年9月22日恩格斯在柏林社会民主党大会上发言（版画）

1847年危机以后的工商业复苏，是新的工业时代的开端。谷物法的废除以及由此而必然引发的进一步的财政改革，给英国工商业提供了它们发展所必需的全部空间。……它们事实上创造了以前只是潜在的世界市场。

恩格斯：《〈英国工人阶级状况〉1892年德文第二版序言》（1892年7月21日），见《马克思恩格斯文集》第1卷第366—367页。

619

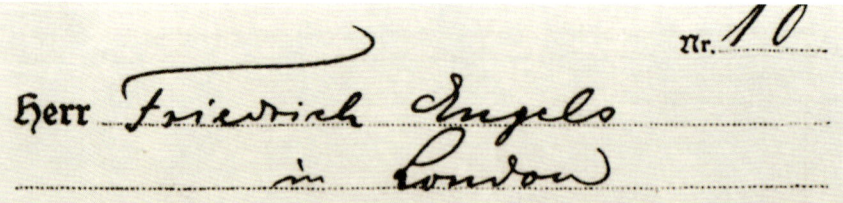

1890年邀请恩格斯参加奥地利社会民主党代表大会的请柬

　　法国、德国、尤其是美国,这些可怕的敌手,它们如同我在1844年所预见的那样,正在日益摧毁英国的工业垄断地位。它们的工业比英国的工业年轻,但是其成长却迅速得多,现在已经达到与1844年英国工业大致相同的发展阶段。拿美国来比较,情况特别明显。

恩格斯:《〈英国工人阶级状况〉1892年德文第二版序言》(1892年7月21日),见《马克思恩格斯文集》第1卷第369页。

621

恩格斯《自然辩证法》第一章手稿的第一页

  运动，就它被理解为物质的存在方式、物质的固有属性这一最一般的意义来说，涵盖宇宙中发生的一切变化和过程，从单纯的位置变动直到思维。

恩格斯：《自然辩证法》（1873—1882年），见《马克思恩格斯文集》第9卷第513页。

写信告诉恩格斯《资本论》
第一卷终于完成
版画
广军

人口数量和人口密度是社会内部分工的物质前提……

马克思:《资本论》第1卷（1867年），见《马克思恩格斯文集》第5卷第408页。

625

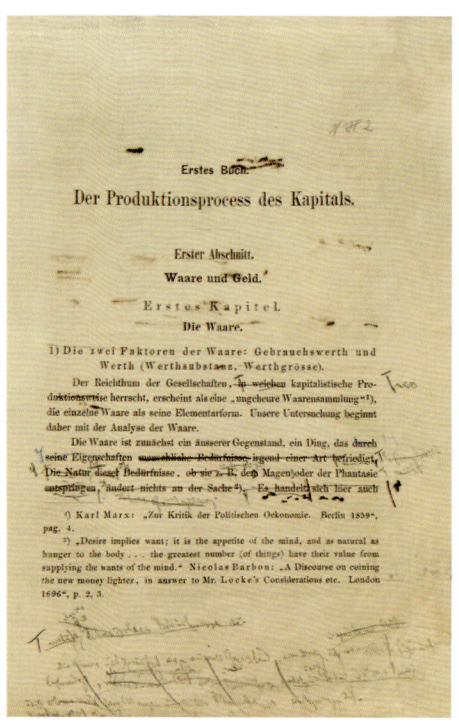

马克思在《资本论》第一卷 1872 年德文版上作的批改

一个国家应该而且可以向其他国家学习。

马克思:《〈资本论〉第 1 卷第一版序言》(1867 年 7 月 25 日),见《马克思恩格斯文集》第 5 卷第 9 页。

郊游
中国画
王明明

  首先是劳动，然后是语言和劳动一起，成了两个最主要的推动力，在它们的影响下，猿脑就逐渐过渡到人脑；后者和前者虽然十分相似，但是要大得多和完善得多。随着脑的进一步的发育，脑的最密切的工具，即感觉器官，也进一步发育起来。

恩格斯：《自然辩证法》（1873—1882 年），见《马克思恩格斯文集》第 9 卷第 554 页。

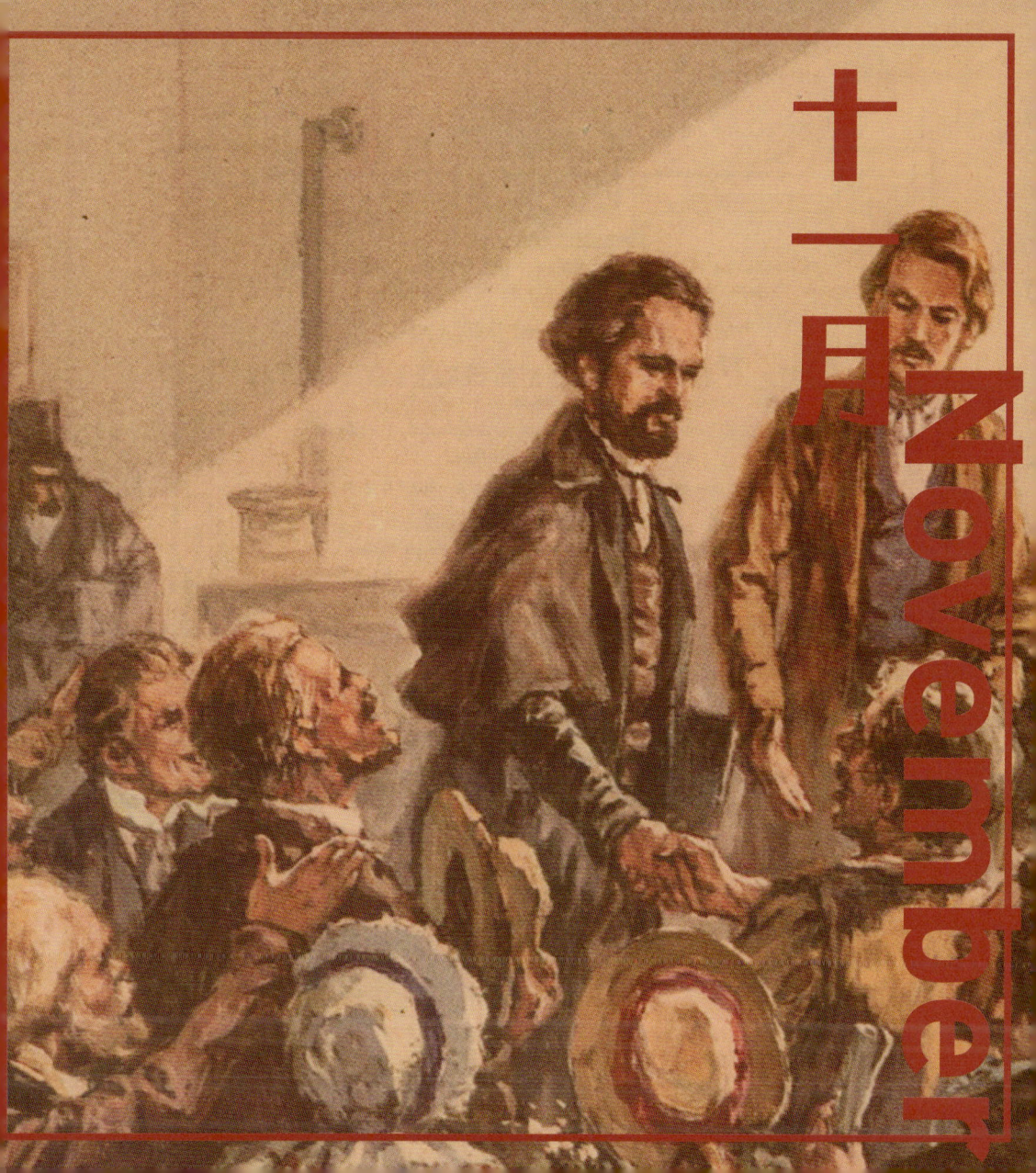
十一月 November

1893年恩格斯受邀参加德国社会民主党大会的入场券

1886年2月,美国的舆论几乎一致认为:美国没有欧洲式的工人阶级,因此,那种使欧洲社会分裂的工人和资本家之间的阶级斗争,在美利坚共和国不可能发生,所以社会主义是一种舶来品,决不能在美国的土壤上生根。然而正在这时,日益临近的阶级斗争已经投下它的巨大阴影……

恩格斯:《美国工人运动》(1887年1月26日),见《马克思恩格斯文集》第4卷第316—317页。

633

马克思故乡特里尔 19 世纪上半期的风景

只有在社会中,自然界才是人自己的合乎人性的存在的基础,才是人的现实的生活要素。只有在社会中,人的自然的存在对他来说才是人的合乎人性的存在,并且自然界对他来说才成为人。

马克思:《1844 年经济学哲学手稿》(1844 年 4—8 月),见《马克思恩格斯文集》第 1 卷第 187 页。

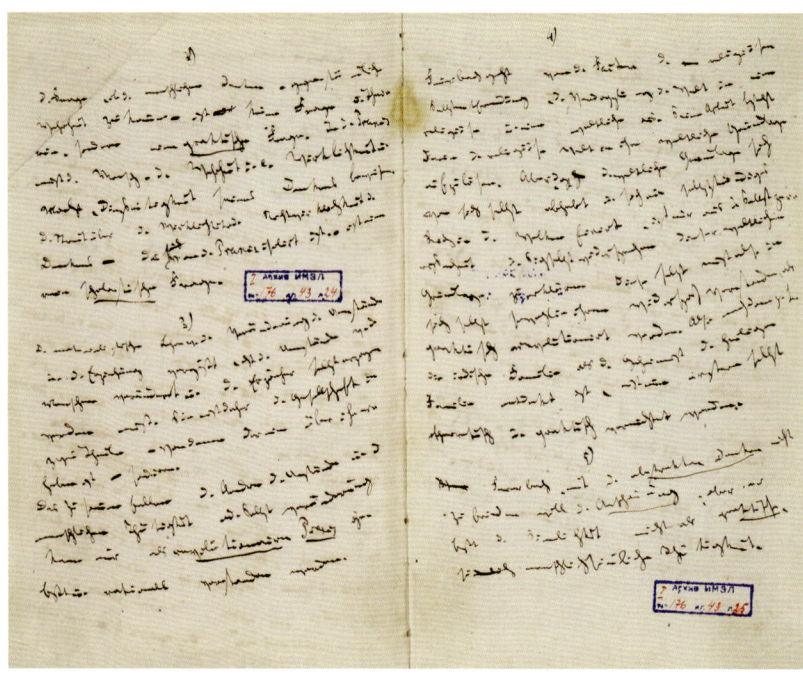

马克思《关于费尔巴哈的提纲》手稿

旧唯物主义的立脚点是"市民"社会;新唯物主义的立脚点则是人类社会或社会化的人类。

马克思:《关于费尔巴哈的提纲》(1845年春),见《马克思恩格斯文集》第1卷第506页。

马克思夫人燕妮（中年时期）

人是最名副其实的政治动物，不仅是一种合群的动物，而且是只有在社会中才能独立的动物。

马克思：《〈政治经济学批判〉导言》（1859年1月），见《马克思恩格斯文集》第8卷第6页。

共赴巴黎（巴黎）
文国璋

有个性的个人与阶级的个人的差别，个人生活条件的偶然性，只是随着那本身是资产阶级产物的阶级的出现才出现。

马克思和恩格斯：《德意志意识形态》（1845年秋—1846年5月），见《马克思恩格斯文集》第1卷第571—572页。

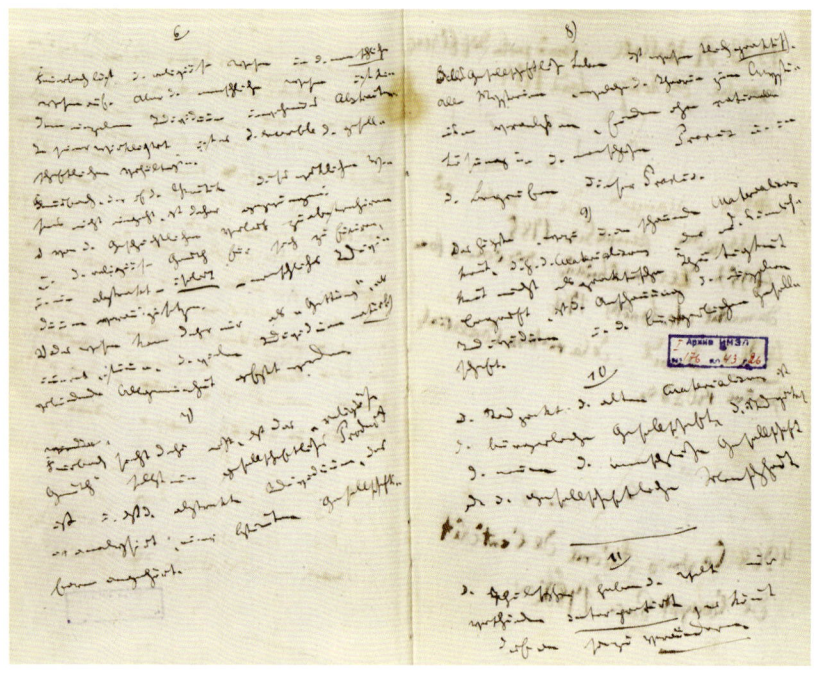

马克思《关于费尔巴哈的提纲》手稿

费尔巴哈把宗教的本质归结于人的本质。但是,人的本质不是单个人所固有的抽象物,在其现实性上,它是一切社会关系的总和。

马克思:《关于费尔巴哈的提纲》(1845年春),见《马克思恩格斯文集》第1卷第501页。

643

燕妮画像（青年时期）

黑格尔从国家出发，把人变成主体化的国家。民主制从人出发，把国家变成客体化的人。正如同不是宗教创造人而是人创造宗教一样，不是国家制度创造人民，而是人民创造国家制度。

马克思：《黑格尔法哲学批判》（1843年3月中—9月底），见《马克思恩格斯全集》1956年版第1卷第281页。

645

马克思写作博士论文
版画
许钦松

人本身是他自己的物质生产的基础,也是他进行的其他各种生产的基础。

马克思:《剩余价值理论》(1861年8月—1863年7月),见《马克思恩格斯全集》2004年版第 卷第350页。

马克思和夫人燕妮营救战友
油画
闻立鹏

人们……正如任何动物一样,他们首先是要吃、喝等等,也就是说,并不"处在"某一种关系中,而是积极地活动,通过活动来取得一定的外界物,从而满足自己的需要。

马克思:《评阿·瓦格纳的〈政治经济学教科书〉》(1879年下半年—1880年11月),见《马克思恩格斯全集》1963年版第19卷第405页。

柏林大学的旁听生
油画
林缨

一有了生产,所谓生存斗争不再单纯围绕着生存资料进行,而是围绕着享受资料和发展资料进行。

恩格斯:《自然辩证法》(1873—1882年),见《马克思恩格斯文集》第9卷第548页。

上学路上
油画
邓澍

生产力与交往形式的关系就是交往形式与个人的行动或活动的关系。（这种活动的基本形式当然是物质活动，一切其他活动，如精神活动、政治活动、宗教活动等等都取决于它。）

马克思和恩格斯：《德意志意识形态》（1845年秋—1846年6月），见《马克思恩格斯文集》第1卷第575页。

653

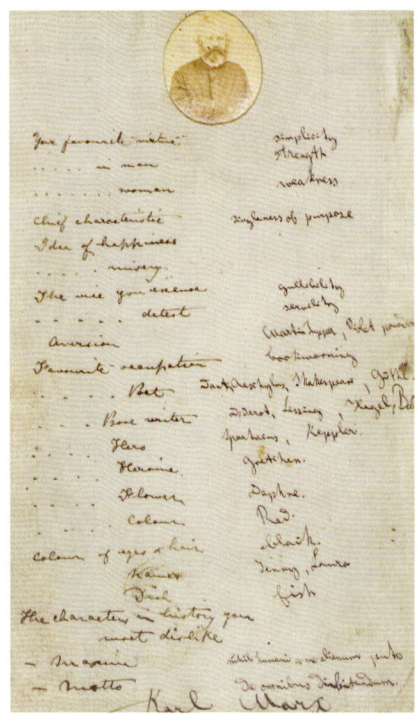

马克思的《自白》

平等地剥削劳动力,是资本的首要的人权。

马克思:《资本论》第1卷(1867年),见《马克思恩格斯文集》第5卷第338页。

655

《国际工人协会共同章程和组织条例》法文版,上有马克思留言

工人阶级的解放斗争不是要争取阶级特权和垄断权,而是要争取平等的权利和义务,并消灭一切阶级统治;……

马克思:《国际工人协会共同章程》(1864年10月),见《马克思恩格斯文集》第3卷第226页。

马克思、恩格斯
与诗人聚会
油画
高莽

抽象的平等理论,即使在今天以及在今后较长的时期里,也都是荒谬的。

恩格斯:《反杜林论》(1876年9月—1878年6月),见《马克思恩格斯文集》第9卷第354页。

659

马克思一家和朋友
们的星期日郊游
油画
高莽

  资产阶级的平等要求也由无产阶级的平等要求伴随着。从消灭阶级特权的资产阶级要求提出的时候起,同时就出现了消灭阶级本身的无产阶级要求……

恩格斯:《反杜林论》(1876年9月—1878年6月),见《马克思恩格斯文集》第9卷第112页。

661

革命的伴侣
油画
高莽

正像无神论作为神的扬弃就是理论的人道主义的生成,而共产主义作为私有财产的扬弃就是要求归还真正人的生命即人的财产,就是实践的人道主义的生成一样;或者说,无神论是以扬弃宗教作为自己的中介的人道主义,共产主义则是以扬弃私有财产作为自己的中介的人道主义。只有通过对这种中介的扬弃——但这种中介是一个必要的前提——积极地从自身开始的即积极的人道主义才能产生。

马克思:《1844年经济学哲学手稿》(1844年4—8月),见《马克思恩格斯文集》第1卷第216页。

柏林大学课堂上的马克思
版画
曹剑峰

没有一个人反对自由,如果有的话,最多也只是反对别人的自由。可见各种自由向来就是存在的,不过有时表现为特权,有时表现为普遍权利而已。

马克思:《第六届莱茵省议会的辩论(第一篇论文)》(1842年4月),见《马克思恩格斯全集》1956年版第1卷第63页。

在《莱茵报》编辑部
版画
张怀江

法律不是压制自由的手段,正如重力定律不是阻止运动的手段一样。……法典就是人民自由的圣经。

马克思:《第六届莱茵省议会的辩论(第一篇论文)》(1842年4月),见《马克思恩格斯全集》1956年版第1卷第71页。

667

写作博士论文
版画
赵瑞椿

在过去的种种冒充的共同体中，如在国家等等中，个人自由只是对那些在统治阶级范围内发展的个人来说是存在的，他们之所以有个人自由，只是因为他们是这一阶级的个人。

马克思和恩格斯：《德意志意识形态》（1845年秋—1946年5月），见《马克思恩格斯文集》第1卷第571页。

669

恩格斯

在这里不再有任何阶级差别,不再有任何对个人生活资料的忧虑,并且第一次能够谈到真正的人的自由,谈到那种同已被认识的自然规律和谐一致的生活。

恩格斯:《反杜林论》(1876年9月—1878年6月),见《马克思恩格斯文集》第9卷第121页。

向胜利者致敬
油画
高莽

英国工人阶级既然创造了现代工业的无穷无尽的生产力，也就实现了解放劳动的第一个条件。现在它应当实现解放劳动的第二个条件。它应当把这些生产财富的力量从垄断组织的无耻的枷锁下解放出来……

马克思：《给工人议会的信》（1854年3月9日），见《马克思恩格斯全集》1965年版第10卷第134页。

伟大合作的开始
油画
高莽

"思想"一旦离开"利益",就一定会使自己出丑。

马克思和恩格斯:《神圣家族》(1844年9—11月),见《马克思恩格斯文集》第1卷第286页。

675

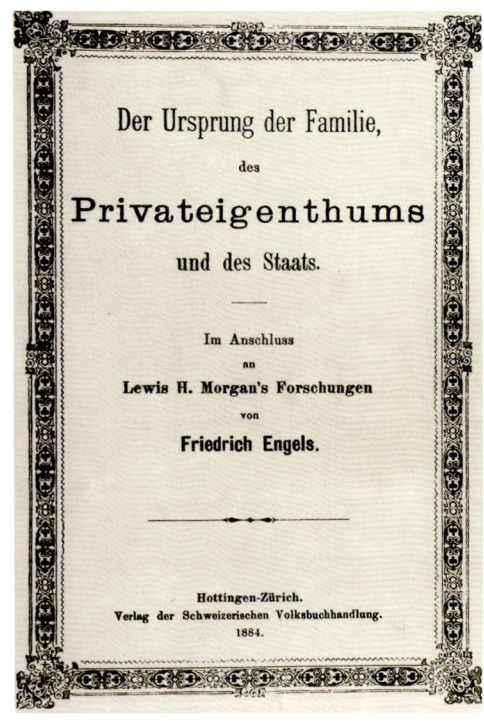

《家庭、私有制和国家的起源》1884年德文第一版

  文明时代所由以开始的商品生产阶段，在经济上有下列特征：（1）出现了金属货币，从而出现了货币资本、利息和高利贷；（2）出现了作为生产者之间的中间阶级的商人；（3）出现了土地私有制和抵押；（4）出现了作为占统治地位的生产形式的奴隶劳动。与文明时代相适应并随之彻底确立了自己的统治地位的家庭形式是专偶制、男子对妇女的统治，以及作为社会经济单位的个体家庭。

恩格斯：《家庭、私有制和国家的起源》（1884年3月底—5月底），见《马克思恩格斯文集》第4卷第195页。

恩格斯(摄于 1864 年)

中世纪完全是从野蛮状态发展而来的。它把古代文明、古代哲学、政治和法学一扫而光,以便一切从头做起。

恩格斯:《德国农民战争》(1850 年夏秋),见《马克思恩格斯文集》第 2 卷第 235 页。

《英国工人阶级状况》1845年德文第一版

这种强制劳动剥夺了工人的一切可支配的时间,工人只有一点时间用于吃饭和睡觉,而没有时间从事户外活动,在大自然中获得一点享受,更不用说从事精神活动了,这种工作怎能不使人沦为牲口呢!

恩格斯:《英国工人阶级状况》(1844年9月—1845年3月),见《马克思恩格斯文集》第1卷第433页。

接触社会
油画
高莽

　　无产者在法律上和事实上都是资产阶级的奴隶,资产阶级掌握着他们的生死大权。它给他们生活资料,但是取回"等价物",即他们的劳动。它甚至使他们产生一种错觉,似乎他们是按照自己的意志行动的,似乎他们是作为一个自主的人自由地、不受任何强制地和资产阶级签订合同的。好一个自由!

恩格斯:《英国工人阶级状况》(1844 年 9 月—1845 年 3 月),见《马克思恩格斯全集》1957 年版第 2 卷第 360 页。

马克思在波恩大学
版画
王公懿

社会是人同自然界的完成了的本质的统一,是自然界的真正复活,是人的实现了的自然主义和自然界的实现了的人道主义。

马克思:《1844年经济学哲学手稿》(1844年4—8月),见《马克思恩格斯文集》第1卷第187页。

685

马克思倾听父亲讲故事
版画
江碧波

生命的生产，无论是通过劳动而生产自己的生命，还是通过生育而生产他人的生命，就立即表现为双重关系；一方面是自然关系，另一方面是社会关系；……

马克思和恩格斯：《德意志意识形态》（1845年秋—1846年5月），见《马克思恩格斯文集》第1卷第532页。

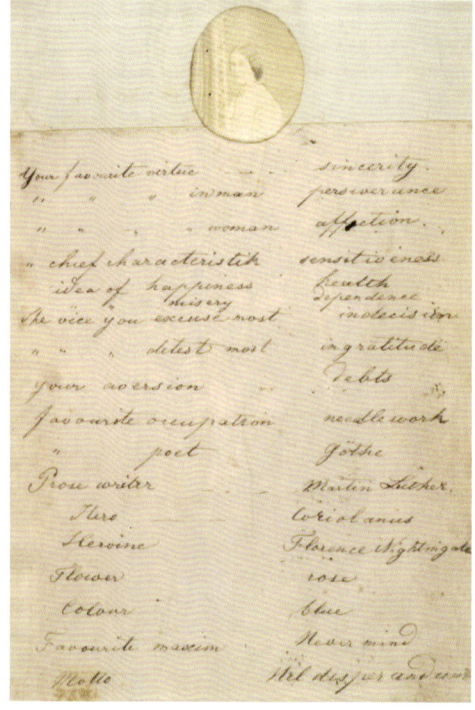

马克思夫人燕妮的《自白》

良好的自然条件始终只提供剩余劳动的可能性,从而只提供剩余价值或剩余产品的可能性,而决不能提供它的现实性。劳动的不同的自然条件使同一劳动量在不同的国家可以满足不同的需要量,因而在其他条件相似的情况下,使得必要劳动时间各不相同。

马克思:《资本论》第1卷(1867年),见《马克思恩格斯文集》第5卷第588—589页。

马克思大女儿燕妮

无产阶级能够而且必须自己解放自己。但是,如果无产阶级不消灭它本身的生活条件,它就不能解放自己。

马克思和恩格斯:《神圣家族》(1844 年 9—11 月),见《马克思恩格斯文集》第 1 卷第 262 页。

马克思的二女儿劳拉

既然是环境造就人,那就必须以合乎人性的方式去造就环境。

马克思和恩格斯:《神圣家族》(1844 年 9—11 月),见《马克思恩格斯文集》第 1 卷第 335 页。

695

马克思的小女儿爱琳娜

  一个伟大的基本思想,即认为世界不是既成事物的集合体,而是过程的集合体,其中各个似乎稳定的事物同它们在我们头脑中的思想映象即概念一样都处在生成和灭亡的不断变化中,在这种变化中,尽管有种种表面的偶然性,尽管有种种暂时的倒退,前进的发展终究会实现……

恩格斯:《路德维希·费尔巴哈和德国古典哲学的终结》(1886 年初),
见《马克思恩格斯文集》第 4 卷第 298 页。

马克思将《资本论》第一卷赠送给达尔文
油画
秦文清

　　达尔文第一次从联系中证明,今天存在于我们周围的有机自然物,包括人在内,都是少数原始单细胞胚胎的长期发育过程的产物,而这些胚胎又是由那些通过化学途径产生的原生质或蛋白质形成的。

恩格斯:《路德维希·费尔巴哈和德国古典哲学的终结》(1886年初),见《马克思恩格斯文集》第4卷第300页。

《法兰西内战》1871年英文第一版

中世纪的贵族的、城市的和教会的领主特权都转变为一个统一的国家政权的特权。

马克思：《法兰西内战》（1871年5月），见《马克思恩格斯文集》第3卷第191页。

701

终身伴侣
油画
王嫩

革命的工人政党同小资产阶级民主派的关系是：同小资产阶级民主派一起去反对工人政党所要推翻的派别；而在小资产阶级民主派企图为自己而巩固本身地位的一切场合，工人政党都对他们采取反对的态度。

马克思和恩格斯：《共产主义者同盟中央委员会告同盟书》（1850年3月24日以前），见《马克思恩格斯文集》第2卷第191页。

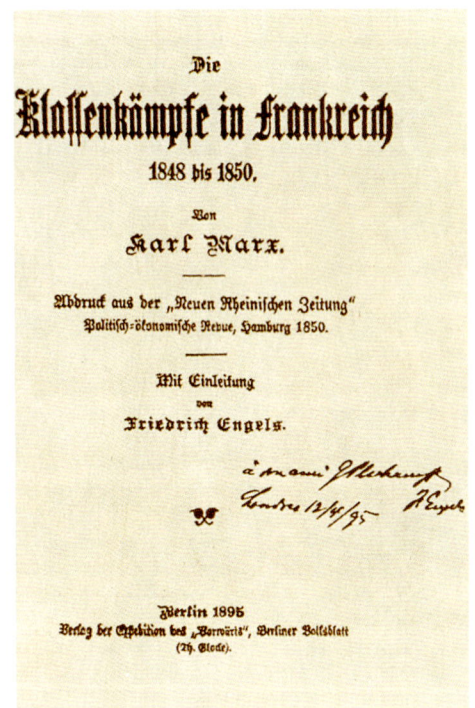

1895年出版的《1848年至1850年的法兰西阶级斗争》，上有恩格斯留言

在联合的反革命资产阶级面前，小资产阶级和农民阶级中一切已经革命化的成分，自然必定要与享有盛誉的革命利益代表者，即与革命无产阶级联合起来。

马克思：《1848年至1850年的法兰西阶级斗争》（1849年底—1850年3月底和1850年10月—11月1日），见《马克思恩格斯文集》第2卷第134页。

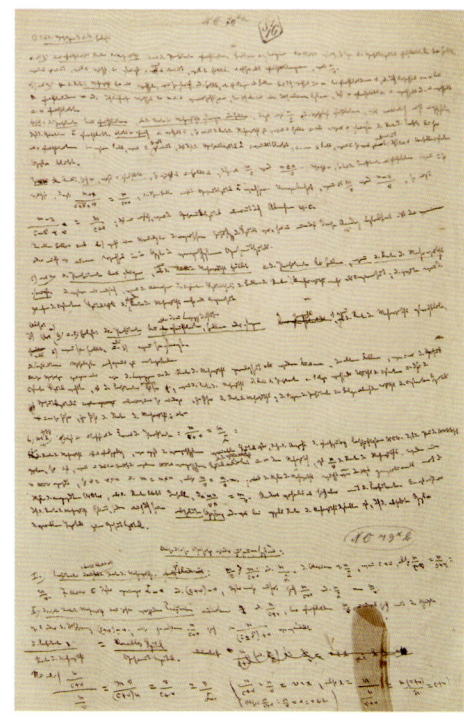

马克思《资本论》第三卷手稿中的一页

……在资本主义生产方式消灭以后,但社会生产依然存在的情况下,价值决定仍会在下述意义上起支配作用:劳动时间的调节和社会劳动在不同的生产类别之间的分配,最后,与此有关的簿记,将比以前任何时候都更重要。

马克思:《资本论》第3卷(1894年),见《马克思恩格斯文集》第7卷第965页。

一个有觉悟的爱尔兰女工
油画
朱乃正

这种学说的创始人马尔萨斯断言,人口总是威胁着生活资料,一当生产增加,人口也以同样比例增加,人口固有的那种其繁衍超过可支配的生活资料的倾向,是一切贫困和罪恶的原因。因此,在人太多的地方,就应当用某种方法把他们消灭掉:或者用暴力将他们杀死,或者让他们饿死。

恩格斯:《国民经济学批判大纲》(1843年9月底或10月初—1844年1月中),见《马克思恩格斯文集》第1卷第78页。

口授《资本论》
中国画
姚有多

正是欧洲移民，使北美的农业生产能够大大发展，这种发展通过竞争震撼着欧洲大小土地所有制的根基。此外，这种移民还使美国能够以巨大的力量和规模开发其丰富的工业资源，以至于很快就会摧毁西欧的工业垄断地位。这两种情况反过来对美国本身也起着革命作用。

恩格斯：《〈共产党宣言〉1890年德文版序言》（1890年5月1日），见《马克思恩格斯文集》第2卷第17—18页。

1890—1891年《新时代》第18期刊载的《哥达纲领批判》开头部分

但是，不同的文明国度中的不同的国家，不管它们的形式如何纷繁，却有一个共同点：它们都建立在现代资产阶级社会的基础上，只是这种社会的资本主义发展程度不同罢了。

马克思：《哥达纲领批判》（1875年4月底—5月7日），见《马克思恩格斯文集》第3卷第444页。

恩格斯赴往伦敦途中
中国画
甘正伦 王庆明

第一次被引进亚洲社会并且主要由印度人和欧洲人的共同子孙所领导的自由报刊，是改建这个社会的一个新的和强有力的因素。

马克思：《不列颠在印度统治的未来结果》（1853年7月22日），见《马克思恩格斯文集》第2卷第686页。

715

马克思(摄于 1867 年)

资本经历了几个世纪,才使工作日延长到正常的最大极限,然后越过这个极限,延长到十二小时自然日的界限。此后,自 18 世纪最后三十多年大工业出现以来,就开始了一个像雪崩一样猛烈的、突破一切界限的冲击。习俗和自然、年龄和性别、昼和夜的界限,统统被摧毁了。

马克思:《资本论》第 1 卷(1867 年),见《马克思恩格斯文集》第 5 卷第 320 页。

劳拉和爱琳娜的合影

  最低的和唯一必要的工资额就是工人在劳动期间的生活费用，再加上使工人能够养家糊口并使工人种族不致死绝的费用。按照斯密的意见，通常的工资就是同"普通人"即牲畜般的存在状态相适应的最低工资。

马克思：《1844年经济学哲学手稿》（1844年4—8月），见《马克思恩格斯文集》第1卷第115页。

719

马克思的小女儿爱琳娜

劳动和其他任何商品一样,也是一种商品,因此,劳动的价格和其他任何商品的价格一样,也是由同样的规律决定的。……因此,劳动的价格也是和劳动的生产费用相等的。而劳动的生产费用正好是使工人能够维持他们的劳动能力并使工人阶级不致灭绝所必需的生活资料的数量。工人的劳动所得不会比为了这一目的所必需的更多。因此,劳动的价格或工资将是维持生存所必需的最低额。

恩格斯:《共产主义原理》(1847年10月底—11月),见《马克思恩格斯文集》第1卷第678页。

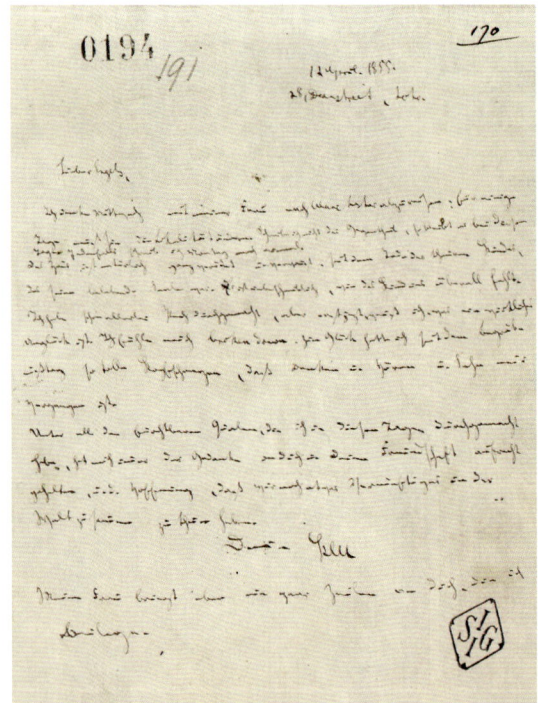

1855年4月12日马克思写给恩格斯的信,此前马克思和燕妮唯一的儿子不幸去世

在资产阶级社会的表面上,工人的工资表现为劳动的价格,表现为对一定量劳动支付的一定量货币。

马克思:《资本论》第1卷(1867年),见《马克思恩格斯文集》第5卷第613页。

马克思的大女儿燕妮

由此可见,即使在对工人最有利的社会状态中,工人的结局也必然是劳动过渡和早死,沦为机器,沦为资本的奴隶(资本的积累危害着工人),发生新的竞争以及一部分工人饿死或行乞。

马克思:《1844年经济学哲学手稿》(1844年4—8月),见《马克思恩格斯文集》第1卷第121页。

725

马克思和大女儿燕妮

对于工人来说,甚至对新鲜空气的需要也不再成为需要了。人又退回到洞穴中居住,不过这洞穴现在已被文明的污浊毒气所污染,而且他在洞穴中也是朝不保夕,仿佛这洞穴是一个每天都可能离他而去的异己力量,如果他付不起房租,他每天都可能被赶走。他必须为这停尸房支付租金。

马克思:《1844年经济学哲学手稿》(1844年4—8月),见《马克思恩格斯文集》第1卷第225页。

写作《英国工人阶级状况》
版画
汪晓曙

无产者为了改善自己的状况所能做的一切，不过是淹没在那些支配着他而他却丝毫不能控制的偶然事件的洪流中的一滴水而已。他是一个处在各种各样错综复杂情况下的没有意志的物件，只要能够在短期内勉强活下去，就算幸运了。

恩格斯：《英国工人阶级状况》（1844年9月—1845年3月），见《马克思恩格斯文集》第1卷第430页。

1848年欧洲革命中的马克思
版画
刘亚

农奴曾经在农奴制度下挣扎到公社成员的地位,小资产者曾经在封建专制制度的束缚下挣扎到资产者的地位。现代的工人却相反,他们并不是随着工业的进步而上升,而是越来越降到本阶级的生存条件以下。工人变成赤贫者,贫困比人口和财富增长得还要快。

马克思和恩格斯:《共产党宣言》(1847年12月—1848年1月底),见《马克思恩格斯文集》第2卷第43页。

731

郊游
版画
张嵩祖

这样,随着贸易的扩大,随着货币和货币高利贷、土地所有权和抵押的产生,财富便迅速地积聚和集中到一个人数很少的阶级手中,与此同时,大众日益贫困化,贫民的人数也日益增长。

恩格斯:《家庭、私有制和国家的起源》(1884年3月底—5月底),见《马克思恩格斯文集》第4卷第187页。

1851年积极
营救战友
油画
高莽

农民的利益已不像拿破仑统治时期那样同资产阶级的利益、同资本相协调，而是同它们相对立了。因此，农民就把负有推翻资产阶级制度使命的城市无产阶级看做自己的天然同盟者和领导者。

马克思：《路易·波拿巴的雾月十八日》（1851年12月中—1852年3月25日），见《马克思恩格斯文集》第2卷第570页。

735

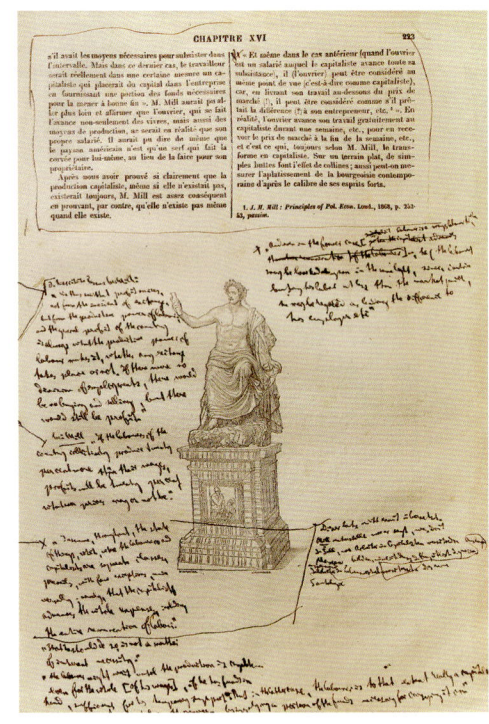

马克思在《资本论》法文版第一版上作的批注

农业劳动是其他一切劳动得以独立存在的自然基础和前提。

马克思：《剩余价值理论》（1861年8月—1863年7月），见《马克思恩格斯全集》2004年版第33卷第27页。

马克思大女儿燕妮(1871年)

如果限制妇女劳动指的是工作日的长短和工间休息等等,那么工作日的正常化就应当已经包括了这个问题;否则,限制妇女劳动只能意味着在那些对妇女身体特别有害或者对女性来说违反道德的劳动部门中禁止妇女劳动。

马克思:《哥达纲领批判》(1875年4月底—5月7日),见《马克思恩格斯文集》第3卷第448页。

青年恩格斯在学习中
素描
佚名

共产主义社会制度之所以能实现这一点,是由于这种社会制度将废除私有制并将由社会教育儿童,从而将消灭迄今为止的婚姻的两种基础,即私有制所产生的妻子依赖丈夫、孩子依赖父母。

恩格斯:《共产主义原理》(1847年10月底—11月),见《马克思恩格斯文集》第1卷第690页。

马克思和大女儿燕妮在伦敦街头
版画
邹继德

这种具有契约形式的（不管这种契约是不是用法律固定下来的）法的关系，是一种反映着经济关系的意志关系。这种法的关系或意志关系的内容是由这种经济关系本身决定的。

马克思：《资本论》第 1 卷（1867 年），见《马克思恩格斯文集》第 5 卷第 103 页。

743

马克思和大女儿燕妮拜访德国
工人狄慈根
版画
郝伯义

在按照不同的年龄阶段严格调节劳动时间并采取其他保护儿童的预防措施的条件下，生产劳动和教育的早期结合是改造现代社会的最强有力的手段之一。

马克思：《哥达纲领批判》（1875年4月底—5月7日），见《马克思恩格斯文集》第3卷第448—449页。

读马克思恩格斯原著　悟马克思主义原理

恩格斯写的马克思墓前悼词

在马克思看来，科学是一种在历史上起推动作用的、革命的力量。

恩格斯：《在马克思墓前的讲话》（1883年3月18日前后），见《马克思恩格斯文集》第3卷第602页。

马克思在伦敦工人教育协会讲授政治经济学
版画
吴长江

工人阶级在不可避免地夺取政权之后,将使理论的和实践的工艺教育在工人学校中占据应有的位置。

马克思:《资本论》第 1 卷(1867 年),见《马克思恩格斯文集》第 5 卷第 561—562 页。

起草《共产党宣言》
版画
徐龙宝

共产党人不屑于隐瞒自己的观点和意图。

马克思和恩格斯:《共产党宣言》(1847年12月—1848年1月底),见《马克思恩格斯文集》第2卷第66页。

751

马克思和恩格斯的历史性会见
版画
杨涵

科学是经验的科学,科学就在于把理性方法运用于感性材料。归纳、分析、比较、观察和实验是理性方法的主要条件。

马克思和恩格斯:《神圣家族》(1844年9—11月),见《马克思恩格斯文集》第1卷第331页。

帮助法国工人党制定党的纲领
版画
李福来

　　思维的任务现在就是要透过一切迷乱现象探索这一过程的逐步发展的阶段,并且透过一切表面的偶然性揭示这一过程的内在规律性。

恩格斯:《社会主义从空想到科学的发展》(1880年1—3月),见《马克思恩格斯文集》第3卷第542页。

图书在版编目(CIP)数据

马恩经典 365 天 / 中央编译出版社编 . -- 北京：中央编译出版社，2021.4
ISBN 978-7-5117-3297-2

Ⅰ. ①马… Ⅱ. ①中… Ⅲ. ①马恩著作研究 Ⅳ. ① A811

中国版本图书馆 CIP 数据核字 (2021) 第 029747 号

马恩经典 365 天

策 划 人：张远航	
责任编辑：李媛媛	
责任印制：刘 慧	
出版发行：中央编译出版社	
地　　址：北京西城区车公庄大街乙 5 号鸿儒大厦 B 座 (100044)	
电　　话：(010) 52612345（总编室）　(010) 52612363（编辑室）	
(010) 52612316（发行部）　(010) 52612315（网络销售）	
(010) 52612346（馆配部）　(010) 66509618（读者服务部）	
传　　真：(010) 66515838	
经　　销：全国新华书店	
印　　刷：北京雅昌艺术印刷有限公司	
开　　本：787 毫米 ×1092 毫米　1/24	
字　　数：110 千字	
印　　张：32	
版　　次：2021 年 4 月第 1 版第 1 次印刷	
定　　价：168.00 元	
网　　址：www.cctphome.com　　**邮　箱**：cctp@cctphome.com	
新浪微博：@ 中央编译出版社　　**微　信**：中央编译出版社（ID：cctphome）	
淘宝网店：编译出版社书店（http://shop108367160.taobao.com/）	

本社常年法律顾问：北京市吴栾赵阎律师事务所律师　闫军　梁勤
凡有印装质量问题，本社负责调换。电话：010-66509618